교황 베네딕토 16세(요셉 라칭거 추기경) 지음
정재각 역

예수 그리스도를 향하여
Unterwegs zu Jesus Christus

도서출판 엠-애드

예수 그리스도를 향하여
Unterwegs zu Jesus Christus

저자 베네딕토 16세 (요셉 라칭거 추기경)
역자 정재각

Unterwegs zu Jesus Christus
by Benedikt XVI. Joseph Ratzinger

Copyright ⓒ Sankt Ulrich Verlag GmbH, Augusburg
Korean translation copyright by M-add Publischer, Seoul

초판 1쇄 인쇄   2007. 2. 12
초판 1쇄 발행   2006. 2. 15

발행처 엠-애드
발행인 이승한
등록번호 제 2-2554
주소 서울시 중구 필동3가 10-1
전화 02-2278-8063~4
전송 02-2275-8064

이 책의 저작권은 Sankt Ulrich 사와의 독점계약에 의해 엠-애드에 있습니다.
저작권법에 의해 한국내에서 보호를 받는 저작물이므로 무단 전재와 복사를 금합니다.

정가 : 12,000원
ISBN 978-89-88277-55-3

서 문

   지구상의 많은 지역에서 과거 그리스도교가 당면한 위기 중에도 놀랍게도 나자렛 예수의 모습은 현재에도 지속되어 오고 있다. 그리고 그리스도교 전통의 바깥 지역에서도 예수는 사람들에게 다가서고 있다. 이슬람은 예수를 예언자로 인정한다. 인도에서 많은 사람들이 예수 그림을 집에 모셔 놓고 있다. 간디에게 심오한 영향을 미친 그리스도의 산상설교는 인도의 많은 비 기독교인에게 하느님의 선하심을 전하는 전달자(messenger)가 되었다.

   하느님의 선하심 속에 있는 영원의 빛은 세상에 빛을 밝히고 있다. 예수 뒤에서 옷을 만지므로 질병에서 나은 고통받는 한 여인에 대한 복음서 이야기는 오늘날에도 분명히 여러 모습으로 계속 일어나고 있다.

그러나 동시적으로 보여 주는 다양한 예수의 현 모습으로 인하여, 기독교가 가진 자신의 본래의 의미를 상당히 상실하였다. 그러므로 인위적으로 이끌려지는 도그마적인 원리 뒤편에서, 인간 예수를 다시 발견하며, 복음의 단순성으로 돌아가고자 하는 노력이 먼저 시작되었다. 그러나 여기 복음서에서 예수의 모습은 부드러운 사람의 친구 모습을 가진 박애주의자로 축소될 수 없음이 분명해졌다. 또한 정확히 보면 복음서의 예수는 단순한 인간의 한계를 뛰어넘으며, 인간에게 궁극적으로 주어지는 질문들과 결정들을 자신의 영혼 깊숙이까지 다루고 있음이 분명해졌다.

그래서 우리들은 위로를 받으며, 자신의 세상을 보는 관점이 흔들리지 않도록, 성경을 세세하게 깊이 보는 것이 필요해졌다. 오늘날 광범위하게, 심지어 신자들 가운데에서 예수의 왜곡된 모습이 광범위하게 침투해 있다. 이 예수 모습은 다름이 아니라 아무것도 요구하지 않으며, 결코 꾸짖지 않으며, 그리고 모든 사람을, 모든 것을 받아들이며, 우리를 있는 그대로 긍정하는 것들이다. 이는 교회들이 요구하며 규제하고 노력하는 것들과는 완전히 반대에 선다.

슐츠(F. Schulz)는 최근 개신교의 실제 예배에 대한 새 기도들에 대한 분석에서 이와 비슷한 것들을 발견하였다. 그는 우연히 여기서 '이중적 비기독교화'(eine doppelte Entchristologisierung)에 직면하였다. 그는 이에 대해 다음과 같이 지적하고 있다. "먼저 인간 예수를 지칭하는 관례가 축소 내지 심지어 소멸된 것이다. 그리고 여기서 보여지는 것은 그리스도가 더 이상 숭고함으로 나타나지 않으며, 오히려 그 대신에 인간과 그의 연대성이 강조되어지는 일종의 강조점의 변화이다."[1]

예수 자체의 모습의 현재성(presence)이 감소되고 있다. 이는 우리 주변에 있는 비그리스도인인 시대 동료들에 대한 배려로서이다. 예수 모습이 '주(Lord)'(회피하게 되는 한 단어)에서부터 모든 인간의 대변자가 아닌 한 인간(a man)으로서의 변화이다.

　복음서에서 예수는 이와는 완전히 다르며, 도전적이며, 대담하다. 모든 사람에게 모든 것이 만사 좋다고 하는 예수는 허깨비(Gespenst)이며, 꿈이며, 실제의 모습이 아니다. 복음서의 예수는 분명히 우리에게 편안하지 않다. 그러나 예수는 바로 가장 우리 존재에의 심오한 질문-우리가 원하든 원하지 않던 갖게 되는-에 답을 준다. 이런 질문은 우리로 하여금 하느님을, 끝이 없는 한계가 없는 만족을, 영원을 계속 찾게 한다. 바로 이 실제(real) 예수를 향해 우리는 다시금 우리의 발걸음을 옮겨 놓아야 한다.

　내가 여기서 내놓는 이 작은 책은 이러한 동기에서 탄생되었다. 여러 기회를 통해서 이루어진 이 기고문들은 모두가 바로 이 예수를 향해 가는 노력, 예수의 본래의 절단되지 않은 모습을 찾고자 하는 노력을 갖고 있다.

　'일반성과 가톨릭'은 교회가 당면한 그리스도의 문제 그 이상을 다루고 있다. 교회가 없다면 세상에서 역사하는 그리스도의 참모습은 존재하지 않는다.

　이 책의 마지막 장인 '가톨릭 교회의 교리문답'은 아마 유일하게 의도한 범위를 약간 벗어난 것으로 보인다. 그리스도를 믿는 믿음의 위기는 오늘날 성서를 읽는 변형된 형태로서 지적되었는데, 가령 성서

---

1) F. Schulz, Entchristologisierung der gottesdienstlichen Gebete? Beoachtungen an neuen evangelischen Gottesdienstbüchern, 예배에서 기도의 탈그리스도화? 새 개신교 예배서에 대한 관찰, in: LJ 50(2000) 195-204.

를 단지 학문적 측면에서 읽고자 하는 것이다. 어떻게 우리가 성서를 읽어야 하는가에 대한 문제는 그리스도에 관한 질문(Christusfrage)과 불가분의 관계에 있다.

성체성사(Sacrament)와 전례에 대한 주제는 본질적으로 우리 가운데 있는 예수의 현재성을 다루는데, 이는 그리스도 예수를 과거 속에서만이 아니라, 바로 오늘에서도 다루는 것이다. 도덕신학(moral theology)에 대한 논란은 바로 '올바른 실천'(orthopraxis)의 문제를 지적한다. 믿음은 어떻게 삶이 되어야 하는가?

나는 이 작은 책이 부족함에도 불구하고 예수로 향하는 발걸음에 도움이 되기를 바란다.

2003년 로마

추기경 요셉 라칭거

예수 그리스도를 향하여
Unterwegs zu Jesus Christus

서문 · 3

제1편 예수 그리스도를 향하여 · 9

1장 성서에서의 그리스도 얼굴 · 11
2장 아름다움의 화살로 받은 상처
　　십자가와 믿음의 새 '미학' · 33
3장 의사소통과 문화 3천년대
　　복음전파의 새로운 길 · 45

제2편 구원자의 모습 · 57

4장 그리스도- 모든 인류의 구원자 그리스도와
　　그리스도 교회의 유일성과 보편성 · 59
5장 그리스도를 바라보며
　　시험 속에 나타나는 그리스도의 모습 · 87
6장 일용할 양식과 성체 빵
　　성체축일축제 묵상 · 114
7장 성체성사-친교-연대:
　　성체에서 그리스도 현재와 실제 · 120

제3편 에필로그 · 145

8장 일반성과 가톨릭 · 147
9장 가톨릭교회 교리서는 시대에 부응하는가?
　　교리서 출간 10년 후 성찰 · 161

역사후기 · 186
성서 인용 색인 · 189

제 1 편
그리스도를 찾아
Auf dem Weg zu Jesus

1장
성서에서 그리스도의 얼굴

"나를 본 사람은 곧 아버지를 뵌 것이다."
(요한 14,9)

요한복음에서 예수를 봄

　요한복음이 우리들에게 설명해 주는 것과 같이, 예수의 고별사는 시간과 영원을, 그리고 현재의 고난과 이미 도래하고 있는 또 다른 예수의 새 모습 간의 관계를 매우 독특하게 다루고 있다. 왜냐하면 고난은 그 자체가 동시에 이미 주님의 '영광'이기 때문이다. 다른 한편으로 배반, 부인(否認), 그리고 십자가에서의 마지막 굴욕에 예수를 넘기는 어둠은 이 고별사를 무겁게 억누른다. 그러나 고별사를 들여다보면 예수는 이미 모든 고난들을 극복하였고, 장차올 영광에 자신을 내어주고자 결심한 것으로 보인다. 그래서 예수는 자신의 고난을 새로우며, 완성될 미래로 안내하는 '노정(路程, Unterwegssein)

으로 묘사하였다.[1]

토마스는 이에 대해 깜짝 놀랄 만한 질문을 한다. "주님, 저희는 주님이 어디로 가시는지 알지도 못하는데 어떻게 그 길을 알 수 있겠습니까?" 예수는 토마스의 질문에 그리스도론의 핵심이 되는 한 선언으로 대답한다. "나는 길이요 진리요 생명이다. 나를 통하지 않고서는 아무도 아버지께 갈 수 없다." 그러나 주님의 이 계시는 새로운 질문을 불러오는데, 다시 말해서 필립보는 다음과 같이 요청한다. "주님, 저희가 아버지를 뵙게 하여 주십시오. 저희에게는 그것으로 충분하겠습니다." 이에 대해 예수는 다시 계시적인 말로써 대답을 하는데, 이 말씀은 예수가 확신하는 그 깊음 속에 그리고 교회의 그리스도를 믿는 믿음의 그 깊음 속으로 이끈다. "나를 본 사람은 곧 아버지를 뵌 것이다."(요한 14, 2-9)

하느님을 보고자 하는 인간의 원초적인 갈망은 구약에서 보면 "하느님의 얼굴을 찾음"의 형식으로 되어 왔다. 예수의 제자들은 바로 하느님의 얼굴을 찾는 사람들이다. 그러므로 이들은 예수와 함께하였으며, 예수를 쫓았다. 필립보가 주 앞에서 이 갈망을 내려놓았고 놀랄 만한 대답을 받았다. 이 대답 안에 신약의 새로운 것, 그리스도를 통해 이루어지는 새로운 것이 마치 크리스털로 응집된 것같이 빛난다. 그렇다, 사람은 하느님을 볼 수 있다. 그리스도를 보는 자마다 하느님을 본다.

그리스도교를 성취의 종교로, 신(神)이 내재하는 종교로 특징 짓는

---

[1] R. Guardini는 이 고별사의 의미를 매우 아름답게 잘 설명하고 있다: Der Herr. Betrachtungen über die Person und das Leben Jesu Christi 주. 예수 그리스도의 인격과 삶에 대한 고찰 (Mainy-Paderborn 1997 10.Aufl.) 513-525

이 대답은 바로 또 다른 새로운 질문을 불러낸다. 그리스도의 존재의 본질적인 전제조건으로서 "이미 그리고 아직 아니다"(Schon und noch nicht)라는 말이 무엇을 의미하는지는 바로 이 본문에서 분명해진다. 왜냐하면 질문은 다음과 같다. 그러나 어떻게 사람이 그리스도를 볼 수 있는가, 예수를 보면서 동시에 어떻게 하느님을 보는가? -이 질문은 적어도 사도 시대 이후의 모든 그리스도교에 해당된다. 변치 않는 이 질문은 요한복음에 놓여 있는데, 이는 요한복음에서 최후만찬의 대화가 아니라, 수난주일에 깃들여 있다. 이는 파스카(유월절) 축제를 위해 예루살렘으로 순례를 온 몇 명의 그리스인이 필립보에게 온 것과 관련이 있다. 필립보는 최후 만찬에서 하느님 아버지를 보여 달라고 요청한 바로 그 제자이다. 그리스인들은 성지순례중에 매우 헬레니즘화된 지역 중의 하나인 갈릴래아 벳사이다 출신인 필립보에게 자신들의 요구를 건넨다: "선생님, 예수님을 뵙고 싶습니다."(요한 12, 21).

이는 이방세계의 간청이며, 또한 모든 시대의 믿음 같은 그리스도인의, 현재 우리들의 간청이다. 우리는 예수를 보기를 원한다. 어떻게 이 일이 일어날 수 있을까? 안드레아와 더불어 필립보에 의해서 주께로 전달된 간청에 대한 예수님의 대답은 신비적이다. 자신에게 주어진 인간의 대(大)질문에 대해 4복음서에서 나타나는 대부분의 대답과 같이 신비적이다. 예수와 그리스인들과 실제로 만남이 이루어졌는가에 대해서는 더 이상 언급이 없다. 예수의 대답은 그 대신에 여기서 전혀 기대하지 않은 지평선을 연다.

예수는 이 요청에서 자신의 영광이 도래하였음을 보았다. 예수는 매우 자세하게 계속 이어지는 말에서 어떻게 이 영광이 도래할 것인가를 말한다. "내가 진실로 진실로 너희에게 말한다. 밀알 하나가 땅에 떨어져 죽지 않으면 한 알 그대로 남고, 죽으면 많은 열매를 맺는다."(요한 12, 24).

그 영광은 수난(Passion)에서 일어난다. 이는 '많은 열매'가 맺히는 것이다. 즉 이 열매는 우리가 추가하자면, 이방인의 교회, 그리스도와 전 세계인을 대표하는 그리스인 간의 만남이다. 예수의 대답은 현재의 찰나를 넘어서 저 멀리 미래로 향한다. 그렇다. 그리스인들이 나를 볼 것이며, 지금 필립보에게로 온 이 사람들 뿐만이 아니라, 그리스인 전 세계가 나를 보게 된다. 이들은 나를 볼 것이다. 그렇다. 이들은 "속된 기준으로(육신에 따라)" (비교 2코린, 5, 16), 나의 이 세상에서의, 역사에서의 존재에서가 아니다. 그들은 수난을 통해, 수난을 따라 나를 보게 된다. 수난을 통해, 수난을 따라 나는 오며, 그리고 나는 더 이상 한 특정한 지리적 공간에 머물지 않으며, 나는 모든 지리적인 경계를 넘어 하느님 아버지를 보고자 하는 세상의 끝까지 다가갈 것이다.

예수는 자신의 부활에서 성령의 능력을 통한 임재를 선언하였으며, 이로써 그는 믿음으로 일어나는 '새로운 보는 길'을 선언하였다. 수난은 따라서 어떤 과거의 것으로서 버려져 있지 않다. 수난은 오히려 한 장소이며, 이 장소에서, 이 장소를 통해서만 오로지 예수님이 보여진다. 예수는 죽음에서만 열매를 맺는 썩는 밀알의 비유를 올바른 인간 존재의 유형으로, 믿음의 존재로 바꾸었다. "자기 목숨을 사랑하는 사람은 목숨을 잃을 것이고, 이 세상에서 자기 목숨을 미워하는 사람은 영원한 생명에 이르도록 목숨을 간직할 것이다. 누구든지 나를 섬기려면 나를 따라야 한다. 내가 있는 곳에 나를 섬기는 사람도 함께 있을 것이다. 누구든지 나를 섬기면 아버지께서 그를 존중해 주실 것이다."(요한 12, 25-26)

이 보는 것은 따르는데서 일어난다. 제자로서 그리스도를 따르는 것은 예수가 서 있던 곳에서의 산 삶이며, 이 장소는 수난(Passion)이다. 그 외 어떤 곳도 아닌 바로 이 수난의 장소에 주님의 영광이 나타나 있다.

이런 것은 무엇을 보여 주는가? '본다'(Sehen)는 개념은 놀라운 역동성을 갖고 있다. 보는 것은 우리가 '따름'(Nachfolge)이라 부르는 삶의 방식을 통해서 일어난다. 보는 것은 예수의 수난에 발을 들여 놓음으로써 시작된다. 여기서 우리는 보게 되며, 주 안에서 우리는 역시 아버지를 본다. 이 관점에서부터 요한이 설명하고 있는 수난의 마지막 부분에서 인용한 예언이 그 완전한 위대함을 획득한다. "그들은 자기들이 찌른 이를 바라볼 것이다."(요한 19,37; 비교 즈카 12,10)[2]

예수를 보는 것은 동시에 하느님을 보는 것인데, 이는 '전 존재의 행위'(ein Akt der ganzen Existenz)이다. 언어적인 면에서 "그리스도의 얼굴"이 요한복음에서는 발견되지 않는다는 점을 덧붙여야 한다. 그러나 그리스도 얼굴은 구약의 중심 주제와 내적으로 긴밀히 연계되어 있으며, 구약의 본질적인 경건의 행위는 일련의 본문에 "하느님의 얼굴을 구함"(Suchen nach Gottes Angeischt)으로서 묘사되었다. 용어상의 차이에도 불구하고 '그리스도를 바라보는' 요한복음의 행위와, 하느님의 얼굴을 보기 위한 구약의 '노정'(路程, Unterwegssein)간에 심오한 연성관성이 있다. 바오로가 쓴 코린도후서에서 언어적인 연관이 발견되는데, 이는 바오로가 그리스도의 얼굴에 나타나는

---

[2] 요한복음 19,37의 주해에 대해서는 다음 참조 J. Schnackenburg, das Johannesevangelium III 요한복음 III (Freiburg 1975), 343-345.

하느님의 영광을 말할 때이다. "'어둠 속에서 빛이 비추어라' 하고 이르신 하느님께서 우리 마음을 비추시어, 예수 그리스도의 얼굴에 나타난 하느님의 영광을 알아보는 빛을 주셨습니다." (2코린 4,6)

우리는 후에 다시 이 문제로 돌아올 것이다. 바오로와 같이 요한은 우리에게 구약을 제시한다. 그리스도 안에서 하느님을 바라본다는 신약의 말씀들은 이스라엘의 경건에 깊게 뿌리내려 있으며, 이 말씀들은 경건에 의해, 경건을 통해 종교 역사의 광대함 속으로 확대된다. 또는 더 적절한 표현일지 모르는데, 이 말씀은 종교 역사의 모호한 갈망을 그리스도로 향하게 하며, 그리스도의 응답을 이끌어 낸다. 만약에 우리가 그리스도의 얼굴에 관한 신약의 신학을 이해하기를 원하면, 우리는 구약을 되돌아봐야 한다. 이로써만 그리스도의 얼굴에 관한 전체의 깊이가 이해된다.

구약에서 하느님의 얼굴을 찾음

단어 pānîm-(얼굴)-는 구약에서 약 400번 등장한다. 이 단어가 들어 있는 본문의 반 정도는 인간의 존재 또는 '케루빔'과 '세라핌'과 같은 신비스런 중간 존재의 창조물에 관한 것이다. 본문의 1/4 이상, 약 100여 개 예들은 하느님 자신에 해당된다.[3] 구약의 전체에 걸쳐 퍼져 있는 이 단어의 분포는 이 단어가 표현하고자 하는 생각의 중요성을 보여 준다.

---

3) 비교 H. Simian-Yofre, pānîm, in: H.J. Fabry/H.Ringgren (Hg.), Theologisches Wörterbuch zum Alten Testament V 구약의 신학 사전 V(Stuttgart 1989), 629-659, 633f.

우리는 계속해서 다음 표현들의 특징을 좀더 자세히 보고자 한다. '하느님의 얼굴을 찾는 것', '하느님의 얼굴'의 빛 등이다. 그림이나 형상을 금지하며, 따라서 숭배와 전반적으로 헌신에서 '찾는 것'을 배제하는 것으로 보이는 종교에서, 어떻게 우리는 '이 찾는 것'을 이해하여야만 하는가? 이스라엘 사람들이 하느님에 대한 어떤 그림도 존재하지 않는다는 것을 알고 있으면서, 하느님의 얼굴을 구한다고 하는 것은 도대체 무엇을 의미하는가?

사람들은 여러 가지로 응용되는 표현을 갖는 이 단어의 전체 영역의 의미를 이방인의 숭배 형식에서 찾아보려고 노력하였다. 즉 '얼굴을 보는 것'은 그림을 보는 것이며, 반면에 '얼굴의 빛'은 별의 신성(神性)을 의미한다고 해석하는 식이다. 이러한 가정 등은 증명할 수 없었으며, 학자들로부터 동의를 얻지 못하였다.4) 그러나 하느님의 얼굴을 추구하는 말은 어떤 형상의 숭배에서 도래했다고 사람들은 믿고 있다. 그래서 구약에서 추구한 노력의 위대성이 드러나 보인다.

그림(이미지)은 금지되어 처벌을 받게 되나, 얼굴에 대한 추구는 허용되었다. 객관적인 형태, 신을 물질화 형성화시켜 구체화하는 것은 배제되었으나, 하느님은 자신의 '얼굴'을 갖게 된다. 하느님은 바로 형상화할 수 없는 분이나, 하느님은 바로 얼굴을 가지며, 볼 수 있으며, 보여지는 분이다. 하느님을 물질 형성화하며, 어떤 특수한 것으로 강등시키는 과거의 숭배형식은 해체되었다. 그러나 동시에 하느님의 최고의 내면 지향(志向)이 드러난다. 이 하느님은 얼굴을 가지며, 하느님은 '인격(Person)'이다.

시미안 요프레(Simian-Yofre)는 단어 pānîm에 대해 그가 인류학

---

4) Simian-Yofre, a.a.O. 648.

적으로 구체화한 글에서 이러한 사실 관계를 다음과 같이 요약하고 있다. "pānîm은 느낌 그리고 반응을 표현하는 자기 능력 때문에, 다른 것에 적용되는 한 주체(Subjekt)로 명시되어 진다." 즉 관계의 주체이다. pānîm은 관계를 설명하는 개념이다.5) 우리는 바로 이 단어 pānîm로 인해서 형상의 숭배는 제거되었고, 인격의 개념이 특히 관계의 개념으로 성립되었다고 말할 수 있다.

pānîm 외에 하느님의 얼굴을 찾는 것에 대한 이해의 두 번째 접근방식으로 단어 šem-(이름)-을 언급해야 한다. 구약의 하느님은 자신의 이름을 드러내며, 그래서 하느님은 불려질 수 있다. 이름은 또한 관계의 개념이다. 이름을 가진 자는 스스로 들을 수 있는 능력이 있으며, 다른 사람에게 말을 할 수 있고, 게다가 이름을 통해 불려질 수 있다.6)

그리스 철학은 존재(본질)의 개념을 발견하였지만, 인간의 개념과 존재를 인식하지 못하였다. 그리스 철학에는 이것이 없다. 이에는 단지 개인만이 존재하는데, 이 개인은 궁극적으로 존재에 대한 많은 표현중 하나이다. 반면에 우리가 '인간'이라는 개념으로 달리 표현하는 특수한 것은 이미지가 없어지며 '실제'(das Eigentliche)가 드러날 때 종교적인 믿음을 통해서 인식되어진다. 그 '실제'는 본질이며, 이 본질은 볼 수 있고, 보여지며, 듣고, 말하며, 말을 걸 수 도 있는 것이다. 따라서 pānîm이 그리스인들에게서 prosopon(얼굴)로서 주로 묘사되는 것은 전적으로 논리상 모순이 없다. - 이 단어는 그리스 철학에서 학문적 단어로서의 전문용어는 아니었다. 그리고 prosopon

---

5) a.a.O. 650.
6) 이 문제는 이미 본인의 저서에서 자세하게 설명하였다: 저서: Einführung in das Christentum 기독교 입문 (Neuausgabe München 2000) 106-125, 특히 122-124 참조.

이 라틴어 persona으로 변화된 것도 응당하며, 이 단어는 점차 자신의 분명한 그리고 철학적인 의미를 얻었다. 그리고 또다시 이런 새 통찰을 정교화 하는 것, 인간의 비밀에 대한 일견이 바로 삼위일체의 가르침과의 씨름에서 가능케 되었음은 우연이 아니다.7)

다음 사항을 분명히 하자. 히브리 단어 pānîm은 하느님을 사람으로, 우리에게 관심을 갖는 존재로 인식하였다. 이 하느님은 들으며, 우리를 보며, 우리에게 말을 붙이며, 그리고 우리를 사랑하며, 우리에게 화를 낼 수 있다. 히브리인이 인식한 하느님은 바로 모든 것의 위에 존재하면서도 얼굴을 가지고 있다. 이 점에서 인간은 하느님과 닮음을 가졌으며, 인간은 그의 형상이다. 얼굴을 통해 사람은 하느님은 누구시며, 무엇이며 또한 어떤 존재인지를 안다. 얼굴을 통해 자신을 드러낸다. 인간은 그의 깊은 내면에서 하느님의 얼굴을 찾는다.

이 두 개념 '이름'과 한편에서 '얼굴'이 매우 심오한 영적인 의미를 갖고 있으며, 이 영적 의미는 외적인 형상을 만드는 것을 금하는 이미지를 거부한 데서 가능하게 되었음은 나에게 매우 중요하게 보인다. 반면에 이 통찰력은 그냥 단순한 개념의 발전이 아닌데, 왜냐하면 물리적인 찾음과 얼굴의 개념은 여전히 본질로 남아 있기 때문이다. 그러나 몇 가지 예를 통해 단어 pānîm에 의해 제시된 관계성이 어떻게 믿음에서 그리고 이스라엘의 경건에서 구체적으로 보여지는지를 들여다보자.

'하느님의 얼굴을 구함'에는 무엇보다 기본 태도가 있다. 시편 105

---

7) 인간의 개념에 대한 적용에 대해서는 다음 참조, Fuhrmann, Person, in: J. Ritter/ K. Gründer, Historisches Wörterbuch der Philosophie VII 철학 역사 사전 VII (1989) 269-283. 성서의 기여는 여기서는 실제로 다루어 지지 않았다.

장 3, 4절은 다음과 같이 기도한다. "그분의 거룩하신 이름을 자랑하여라. 주님을 찾는 이들의 마음은 기뻐하여라. 주님과 그 권능을 구하여라. 언제나 그 얼굴을 찾아라." 시편 24장은 하느님의 성전에 들어가기 위한 조건을 다룬다. 무엇보다 깨끗한 손과 정결한 마음이다. 이 모든 것이 다음 절에 요약되어 있다. "이들이 그분을 찾는 이들의 세대, 그분 얼굴을 찾는 이들의 세대 야곱이라네."(시편 24,6) 이 두 시편은 바로 지성소에 들어가는 것과 지성소에 계약의 궤를 들여 놓는 것과 관련이 있다. 이에 어느 정도 숭배(崇拜)적인 관계성이 있음을 부인할 수 없다. 하느님의 얼굴을 사람은 지성소에서 만나게 된다. 또한 그를 향하여 걸어가면서 그를 찾는다. 그러나 이런 단어의 의미는 단순한 제식(祭式)의 그 이상이다.

호세아서 5, 15에서 보면 이 점은 더 두드러진다. 여기서 하느님은 이스라엘에게 말씀하신다. "그들이 죄를 깨닫고 내 얼굴을 찾을 때까지 나는 내 자리로 돌아가 있으리라. 그제야 그들은 환난 속에서 나를 찾으리라." 이 백성은 괴로움을 참다 못해 마침내 나를 애타게 찾으리라. 이러한 구함과 보는 것은 한 인간 전체를 포괄하는 행동이다. 인간이 자신의 전 존재에 대해 '정의'로울 때만, 즉 신의 요구에 부합될 때에만 그는 하느님 얼굴과 만나는 길에 있는 것이다. 그러므로 시미안 요프레(Simian-Yofre)의 다음의 말은 전적으로 옳다. "하느님의 얼굴을 찾는 것은 우주적이며 영원히 유효한 계명이다."[8]

이는 시편 17장에서 매우 아름답게 구체화된다. 이는 하느님의 길에서 벗어나지 않고 꿋꿋하게 가는 의인의 기도이다. 의인은 더욱이 적(敵)의 무지막지한 위협에서도 흔들리지 않는다.

결론적으로 두 삶의 방식이 분명히 드러났다. 한편에는 전적으로

---

8) Simian-Yofre, pānîm, 640.

물질을 위해 살며, 물질에 만족하는 사람들이 서 있다. 무엇에도 사심이 없이 한 고난받는 의인은 하느님께 다음과 같이 고한다. "주님, 당신의 손으로 저 사내들에게서, 세상살이를 제 몫으로 삼는 사내들에게서 저를 구해 주소서. 당신께서 숨겨 놓으신 벌로 그들의 배를 채우시어 아들들도 배불리고 나머지는 자기네 어린것들에게 물려주게 하소서."(시편 17,14). 시편에 기도하는 의인은 이제 그의 운명을 다르게 보고 있다. "저는 의로움으로 당신 얼굴을 뵙고 깨어날 때 당신 모습으로 흡족하리이다."(시편 17,15).

이 의인은 마음에 가득 찬 배가 아니라, 완전히 다른 종류의 만족을 갖고 있다. 그는 그의 하느님을 바라보는 데 만족한다. 그는 또한 자신이 구하는 것은 하느님을 바라봄에서 채워짐을 안다. 두 가지 점에서 이 말은 중요하다. 첫째 그 시편 기자로 하여금 하느님을 보도록 능력을 주는 것은 정의(正義-Gerechtigkeit)이다. 이 정의라는 말속에 구약에서의 경건의 기본 자세가 요약되어 있으며, 이는 신약과 교회에서는 믿음으로 불린다. 정의는 삶의 형식이며, 삶의 형식의 그릇은 하느님의 말씀에서 빚어진다. 정의는 말씀과 말씀의 가르침에 따르는 것이다. 우리는 정의는 신의 기준에 따르는 삶을 의미한다고 말할 수 있다. 그래서 시편 17장은 이미 24장에서 들었던 것과 교감한다. 하느님의 얼굴을 찾는 것은 삶의 전체를 포괄하는 자세이다. 이로써 사람이 하느님의 얼굴을 보기 위해서는 스스로 하느님 앞에 자신의 전 삶이 드러나 보여지도록 해야 한다.

두 번째로 주목해야 할 것은 시편 저자는 이 보는 것을 경험하고자 기대한 점이다. 이 경험은 모든 추구하는 것의 만족, '거듭남'의 순간에 기대하는 순수한 행복이 될 수 있다. 이로써 시편은 인간의 역사적인 존재를 넘는 의미를 찾고 있다. 시편 저자는 궁극적 삶이 시작되는 '거듭남'을 기다리고 있다. 정확히 이 점에서 시편 저자는 단지 순간의 만족, 성공과 물질적 만족을 행복으로 여기며, 이를 인간존재의 목적으로 보는 무신론을 신봉하는 적들과는 다르다. 무신론자들은 물질의 한가운데 머무르며, 그래서 또한 현실적 삶의 한계에 머문다. 이러한 경우에서 '정의'는 표준이 될 수 없다. 왜냐하면 사람은 성공과 만족이 제공해 주는 것을 움켜잡아야 하기 때문이다. 경건한 삶으로써 정의는 단순한 물질과 이 세상에서의 단순한 시간의 틀을 뛰어넘는다.

어느 정도 하느님의 권리에 대한 인식과 계시적인 방향은 내재적으로 서로 연계되어 있다. 그리고 새 삶에 대한 생각이 여기서 자세히 말하여지지 않고, 다만 어느 정도의 윤곽만 이야기했다 해도 '존재의 계시적 차원'은 삶을 통해 하느님의 얼굴을 구하는 자에게는 분명하며, 또한 "그가 거듭날 때" 하느님의 얼굴을 보게 됨을 안다. 하느님의 얼굴을 구하는 것은 시간의 초월성을 가지며, 본질적으로 그 안에 계시적 소망을 포함하고 있다.9) 하여튼 앞으로 일어날 것에 대한 기대가 있다.

시편 24장에서 우리는 하느님의 얼굴을 찾는 것과 미사와의 관계를 보았다. 그러나 여기서 확실한 것은 이 구함은 일반 공적 미사를 뛰어넘는다는 것이다. 시편 17장은 숭배(崇拜)적인 요소는 없으나, 반면에 "하느님의 얼굴을 찾는다"라는 구약의 대부분의 말씀은 숭배적인 의미를 갖고 있다. 사실 이는 정확히 제식(祭式)적 만남에 대한 기술적 용어이다. 성서의 세 가지 전례 달력은(탈출 23, 14-19, 34; 18-26; 신명 16, 1-17)은 각각 이 표현을 두 번 언급하고 있

---

9) 이 말씀이 어떻게 해석되었는가에 대한 역사에 대해서는 다음 참조 : H.J. Kraus Die Psalmen I 시편 I (Neukirchen-Verlag 1960) 134.

다. 이 성서 구절은 거의 유사한 표현으로, 남자들이 일 년에 세 번 성전을 찾도록 하는 의무를 규정하고 있다(야훼의 얼굴을 찾아라). 신명기 31,11은 매 7년마다 "야훼의 얼굴을 보기 위하여" 초막절에 예루살렘 성전에 오는 백성들에 대한 율법의 선언을 보여 준다.10) 이 숭배적 사건은 하느님과의 만남으로, 일종의 바라보는 형식으로 나타나는데, 그러나 바라보는 것은 관련된 말씀에 비추어 보면 그 숭배적 사건을 넘어서 궁극적으로 하느님을 만나고자 하는 일종의 기대이다.

이런 넓은 지평선은 우리가 하느님의 얼굴의 빛에 대한, 그리고 하느님의 얼굴의 숨김에 관한 말씀을 살짝만 들여다봐도 다시 분명해진다. 빛과 생명은 구약의 사람들에게는 서로 직접 연계되어 있다. 하느님의 얼굴의 빛남에 대해 읽게 되면 하느님은 그 성서 구절에서 생명의 근원으로 언급되어진다.

시편 4,7 후반부는 간구한다. "주님, 저희 위에 당신 얼굴의 빛을 비추소서." 이 시편은 이런 방식으로 생명과 구원을 간구한다. 다른 성서 구절에서는 이는 특별히 그 나라의 풍요함, 구속과 번성을 언급한다. "주 만군의 하느님, 저희를 다시 일으켜 주소서. 당신 얼굴을 비추소서. 저희가 구원 되리이다."(시편 80, 4.8.20) 그러나 또한 마음에 비춤은 인간이 자신의 죄를 인정하는 것을 말한다.11) "당신께서는 저희의 잘못을 당신 앞에, 저희의 감추어진 죄를 당신 얼굴의 빛 앞에 드러내십니다."(시편 90,8) 그리고 그 반대도 진실이다. 하느님이 자신의 얼굴을 돌리는 곳에는 모든 것이 결국에는 먼지로

---

10) Simian-Yofre, pānîm, 647-649.
11) Ebd. 638, 640.

된다.12) 그러므로 하느님이 자신의 얼굴을 숨기지 않도록 간청하는 것은 생명에 대한 간청, 분별력에 대한 간청이며, 그리고 이런 것 없이는 어느 것도 선한 것이 될 수 없다.

하느님의 침묵은 그의 얼굴을 가림은 바로 그 자체가 징계이다. 물론 하느님이 자신을 숨기면 죄인들은 이에 대해 잘못된 안도감을 가질 수 있다. 하느님은 전혀 존재하지 않는 것으로 보인다. 사람들은 하느님 없이, 하느님께 대적하여, 그에게 등을 돌린 채 위험 없이 살아갈 수 있다. - 그렇게 잘살아 가는 것으로 보인다. 바로 이런 불신자의 안정은 사실 그의 가장 큰 고통이다. 하느님이 침묵하는 시간에, 하느님의 얼굴을 알아볼 수 없어 보이는 시간에, 우리는 놀라움을 가지고 하느님이 왜 숨으시는가, 그 의미를 곰곰이 생각해 봐야 되지 않는가? 우리가 여기서 이를 세상의 진정한 재난으로 봐야 되지 않는가? 그리고 우리가 더 소리 높여 그리고 열심히 자신을 보여 주시도록 하느님을 불러야 되지 않는가? 하느님의 얼굴을 찾는 것이 이 상황에서 더욱더 긴박하지 않는가?

모세와 그리스도

마지막으로 그리스도의 얼굴, 하느님의 얼굴을 찾는 신약의 기초가 되는, 구약의 근거에 대한 설명을 종결하기 위해서, 나는 또 하나의 중심이 되는 구약의 말씀을 소개하고 싶다. 이미 언급하였듯이 사도 바오로는 코린도 후서 3, 4-6에서 이를 인용하여서 예수님을

---

12) Ebd. 646.

새롭게 조망하였다. 이로써 신구약의 내적인 통일성과 더불어 그리스도교 메시지의 새로운 것이 분명해졌다. 이 말씀은 탈출기 32-34장이며, 이 본문에 먼저 이스라엘의 타락, 황금송아지에 대한 숭배를 그리며, 그 후 죄인에 대한 벌과, 하느님이 완전히 등을 돌리지 않으시고, 그 백성을 다시 새로운 백성으로 받아들이도록 하는 모세의 싸움을 기록하고 있다.

모세의 영적인 싸움은 다음 그의 제안에서 최고 정점에 이른다. 모세가 야훼께 되돌아가서 아뢰었다. "아, 이 백성이 큰 죄를 지었습니다. 자신들을 위하여 금으로 신을 만들었습니다. 그러나 이제 그들의 죄를 부디 용서해 주시기 바랍니다. 그렇게 하시지 않으려거든, 당신께서 기록하신 책에서 제발 저를 지워 주십시오."(탈출 32, 31.32) 그리고 탈출기 33장에서 우리가 보고자 하는 주제는 어느 정도 서로 긴장 관계가 있는 두 절에서 나타난다. 이 두 부분은 하느님의 얼굴을 찾는 그리스도인에게 중요한 의미를 갖고 있다.

첫째는 모세가 어떻게 계속해서 하느님과 대화를 하였는가에 관련되어 있고, 이는 다음과 같이 그려지고 있다. "주님께서는 마치 사람이 자기 친구에게 말하듯, 모세와 얼굴을 마주하여 말씀하시곤 하였다."(탈출 33, 11) 33장의 마지막을 보면 모세는 하느님께 간청을 한다. "당신의 영광을 보여 주십시오."(탈출 33,18) 이에 하느님은 대답한다. "그러나 내 얼굴을 보지는 못한다. 나를 본 사람은 아무도 살 수 없다. 여기 내 곁에 자리가 있으니, 너는 이 바위에 서 있어라. 내 영광이 지나가는 동안 내가 너를 이 바위굴에 넣고, 내가 다 지나갈 때까지 너를 내 손바닥으로 덮어 주겠다. 그런 다음 내 손바닥을 거두면, 네가 내 등을 볼 수 있을 것이다. 그러나 내 얼굴은 보이지 않을 것이다."(탈출 33, 20-23)

이상의 말씀을 보면, 한편에서는 마치 친구가 이야기하는 것과 같이 얼굴을 서로 맞대고 이야기한다고 하고 있으며, 다른 한편에서는 하느님의 얼굴을 보는 것은 불가능함으로, 다만 사람은 하느님의 뒷모습만을 볼 수 있다고 하고 있다. 이 말씀은 구약에 대한 그리스도교 재독(再讀, relecture)에서 새 의미를 얻고 있음에 틀림없다. 이는 스테파노가 증거하는 것처럼(사도 7,37), 그리스도인은 신명기의 언약을 이제 눈앞에 보게 되었다는 것이다. "주 너희 하느님께서 너희 동족 가운데에서 나와 같은 예언자를 일으켜 주실 것이니, 너희는 그의 말을 들어야 한다."(신명 18,15)

이스라엘은 이후의 역사를 통해 신명기가 결론을 맺고 있는 슬픈 소식을 고통스럽지만 알고 있었다. "이스라엘에는 모세와 같은 예언자가 다시는 일어나지 않았다. 그는 주님께서 얼굴을 마주 보고 사귀시던 사람이다."(신명 34,10) 스테파노는 지금까지 성취되지 못한 이 언약이 나자렛 예수에서 이루어졌음을 말하고자 한 것이다.

예수는 모세와 같이 산에서 자신을 희생재물로 드렸다. 모세의 희생재물은 받아들여지지 않았다. 그러나 예수는 실제로 우리를 위해서 자신을 드렸고, 자신이 저주를 받았다.(1요한 2,1) 그리고 예수는 하느님과 얼굴을 맞대고 있는 분이다. 예언자 이상이며, 친구 이상이며, 하느님의 아들이다. 예수는 그래서 하느님의 얼굴을 볼 수 있다. 그리고 그의 얼굴에서 하느님의 영광이 우리에게도 보여진다.(2코린, 4,6)

하느님의 얼굴을 찾는 것은 인간에게 있어, 이 순간부터 더 구체화된다. 이는 다름 아닌 예수와의 만남에서 이루어지며, 예수와의 우정 관계에서 그는 우리를 종이 아니라 친구라 부른다.(요한 15, 15)

탈출기를 읽는 그리스도교 독자에게, 얼굴을 맞대고 하던 모세와 하느님과의 대화는 바로 분명히 그리스도를 지칭하지만, 보는 것을 제한하며 단지 '하느님의 뒷모습'만을 보도록 하는 것은 그대로 그리스도에 적용될 수 없다. 첫 번째 예로 모세의 형상에 그리스도의 비밀과 예수를 따르는 길이 드러나 보여진다. 두 번째는 제자들, 다름 아닌 그리스도를 믿는 우리 모두에 해당된다. 이것이 탈출기 33장에 대한 교부(敎父) 해석의 기본생각이다. 물론 하느님의 뒷모습을 본다는 것, 우리의 눈을 가리는 하느님의 손 뒤에 반석 위에 선다는 것 등 이런 어려운 말씀에 대한 해석은 자세하게 분석한다면 당연히 서로 다를 수밖에 없다.

개인적으로 나는 항상 그레고어 폰 니사(Gregor von Nyssa)의 해석에서 감동을 받는다. 뒤로부터 하느님을 볼 수 있다는 것은 다름 아니라 우리가 예수 뒤를 따르므로 오직 하느님을 만날 수 있다는 것을 의미한다고 그는 말한다. 우리가 하느님을 볼 수 있는 유일한 길은 예수를 따름에 의해서이며, 이는 예수 뒤에서 걷는 것을, 그러므로 하느님의 뒤에서 걷는 것을 의미한다.13) 이 세상에서 하느님을 보는 것은 예수를 따름을 통해서 이루어진다.

'보는 것은 걷는 것'(Sehen ist Gehen)이며, 우리의 전 인생 동안

---

13) Gregor v. Nyssa, De vita Moysis PG 44, 408 D: "하느님 보기를 갈망하는 모세는 어떻게 하느님을 볼 수 있는가를 보여 준다; 하느님이 인도하는 곳으로 하느님을 따르는 것이 '하느님을 보는 것'이다. Gregor에서 탈출기 33장의 해석은 이런 생각을 넘어서, 하느님의 아름다움에 대한 전체 주제를 다루며, 하느님의 아름다움은 인간의 내적인 고양(高揚)같이 우리를 높은 곳으로 이끈다. PG 44, 400A-409B. 독일어 번역판: Gregor v. Nyssa, Der Aufstieg des Moses 모세의 올라감, 번역 M. Blum (Freiburg 1963) 117. Gregor가 이 관계에서 직접 그리스도에 대해서 말하지는 않고, "하느님이 인도하는 곳으로, 하느님을 따름"으로 말하고 있는데 반해, 아우구스티누스는 "하느님의 뒷모습"의 말씀에 명료한 그리스도의 강생구속에 대한 해석을 보여준다: (Non incongruenter ex persona Domini nostri Iesu Christi praefiguratum solet intelligi, ut posteriora eius accipiatur caro eius"- 부적당하지 않게 예수그리스도의 인격 때문에 이는 보통 이해된다, 그의 뒷모습은 그의 육신을 의미 한다(De trinitate II 17,28). "solet inteligi"-보통 이해된다-가 보여 주듯이 그는 이미 이에 상응하는 해석의 전통을 전제하고 있다.

살아 계신 하느님께로 향하여 걷는(가는) 것이다. 이에 대해 예수 그리스도는 자신이 걸은 전체 길을 통해 무엇보다 수난, 죽음, 부활 그리고 승천의 비밀을 통해 우리에게 그 길의 방향을 보여 준다.

그리스도인의 삶에서 그리스도를 봄

하느님의 얼굴을 바라봄에 대한 중심이 되는 구약 말씀은 우리를 자동적으로 신약으로 안내한다. 그렇다면 신약에서 무엇이 새로운 것인가? 여기서 새로운 것은 원래 어떤 관념이 아니라, 새로운 것은 한 사실이다. 정확히 표현하자면 한 사람, 예수 그리스도이다. 이 예수로부터, 이 예수 때문에 구약의 경건성에 대한 다양한 동기가 재정립되며, 또한 특히 성전 파괴 후에 새로운 구체성을 획득한다. 예수는 그 자신이 우리에게 하느님의 얼굴이다. 이런 지식에서부터 위대한 성화예술이 생겨났다. 물론 이 성화들은 우리의 그리스도 얼굴을 찾는 궁극적인 종착역이 된다고 주장할 수 없다. 이는 자연스럽게 또한 '신의 그림'(Acheiropoieta)에도 사실이다. 이 그림은 전승에 따르면 인간의 손에 의해서 만들어지지 않고 그리스도의 상(像)이 영감을 준 것이다.

성상(聖像)에의 숭배와 우상의 파괴 간의 싸움에 문제의 핵심은 다음 문제이다. 성상(聖像)은 자유롭게 서 있으며, 하느님을 어떤 물질적인, 만져지도록 만드는 우상이 되게 해서는 안 된다. 성상(聖像)은 오히려 그 자체에 어떤 초월의 역동성을 가져야 하며, 자신 자체를 가리켜야 된다. 성상은 하느님의 얼굴을 구하는 노정에 데려다 주는 초대, 따라서 모든 물질적인 것을 뛰어넘으며, 우리가 이 세상의 삶에서는 결코 완성할 수 없는 길을 따르도록 항상 지켜 주는 초대이어야 한다. 우리가 이를 신학적으로 전문용어로 표현하자면 다음과 같다. 성상(聖像)은 자체에 종말론적 역동성을 가진다. 우리가 이 관점에서 볼 때에만 성상(聖像)은 올바르게 보인다.[14]

19세기에 이러한 노력에서부터 새롭게 중세 후기에 경건의 형태와 연결되어 성스런 얼굴에의 숭배가 태어났다. 이는 리지외의 성녀 테레즈(Thérsè von Liseux)가 자신을 '아기예수'의 테레즈(Thérsè), '성스런 얼굴'의 테레즈(Thérsè)로 일컬을 때 정점에 달하였다. 이 두 타이틀은 하느님의 신성포기(kenosis), 하느님의 작아짐(Kleinwerden), 인간 존재의 비천함으로의 내려옴을 보여 준다. 첫 번째 타이틀이 이런 낮아짐의 사랑스런 면을 보여 준다면, 두 번째의 타이틀은 수난의 면을 강조한다. 왜냐하면 이 세상에서 그리스도의 얼굴은 "가득한 피와 상처로의 머리"이기 때문이다. 정확히 이 방식으로 이는 하느님 사랑의 신비로움과 하느님의 참얼굴을 보여 준다.[15]

좀더 자세히 관찰하면 그리스도의 얼굴을 찾는, 하느님의 얼굴을 찾는, 신약에 근거한 기독교의 경건성에서 세 개의 주요한 점의 차이를 볼 수 있다. 근본적인 점은 우선 제자도(弟子道), 즉 예수를 따르는 것과 자신의 전 생애를 예수님과의 만남에로의 지향이다. 이에는 이웃에 대한 사랑, "가난한자, 도움이 필요한자, 그리고 고난 받는 자"에서 예수의 얼굴을 보는, 십자가에 달린 자에 대한 사랑이 속한다. 자비는 문자 그대로 이 사랑 안에서 예수를 본다. 도움이

---

14) 이에 대해 나의 저서를 참조. "Der Geist der Liturgie" 전례의 정신 (Freiburg 2000), 99-116.
15) Thérsè의 영적인 면에 대해 양 측면에서 매우 의미 있게 설명하고 있는 것을 다음 책에서 찾아볼 수 있다. U. Wickert, Leben aus Liebe. Thérsè von Lisieux 사랑에서의 삶. 성녀 테레즈 (Vallendar 1997), 특히 41-50쪽 참조.

필요한자들을 돕는 데서 그리스도인은 예수를 보며, 그에게 가까이 다가서며, 그를 보며, 만진다.(비교 마태 25, 31-46)

그러나 우리는 다만 주님의 얼굴이 우리에게 낯이 익을 때만 가난한 자 안에서 예수를 항상 알아볼 수 있으며, 그리고 그의 얼굴은 산에서의 모세의 씨름이 우리 가운데 현실로서 되어지는 성체성사의 비밀에서 특별히 가깝게 보인다. 주는 산에 서시며 그리고 우리를 위해 자신을 죄에 드렸다. 그래서 주는 썩는 밀알이 되셨다. 그러므로 성체성사에서 그는 자신을 우리 모두에 선물로 주었으며, 자신을 우리에 주었고 그리고 '참생명의 빵'으로 우리 손안에 들려져 있다. 그러므로 성채성사는 엠마오로 가는 제자들에게 하나의 예로서 주어졌던 것처럼 '볼 수 있는 것'(zum Sehen)이 된다. 빵을 뗌으로써 우리는 예수를 알며, 이는 마치 우리의 눈에서 비늘 모양의 것이 떨어져 나가는 것과 같다.

성체성사에서 우리는 창으로 찔린 그를, 피와 상처가 흔건한 그의 얼굴을 본다. 이런 방식으로 우리는 그를 알며, 그를 다시금 가난한 자에게서 보게 된다. 어느 정도 성체성사의 경건성에, 고난에 대한 개인적 헌신, 예수와의 내면적 만남, 그리고 또한 일반 백성의 경건성도 포함된다. 진정한 성상은 이 예수와의 만남에서 오며, 그러므로 예수를 지향하며, 바로 이런 이유 때문에 항상 이웃을 지향하는 것이 필요하다.

마지막으로 그리스도의 얼굴을 바라보는 이 두 개의 서로 분리할 수 없는 방법 뒤에 세 번째의 요소가 있는데, 즉 종말론의 요소이다. 성상을 바라보는 것이 이를 초월하는 것과 같이, 성찬례의 집행은 이 역동성을 자체에 지닌다. 즉 성체성사는 장차 오실 그리스도에, 친히 우리를 그의 모습으로, 삼위일체 하느님의 비전으로 만족케 할 그 '깨달음'에의 '다가감'이다. 그리고 이웃과 사회 헌신에의 관심은 역시 현실의 순간을 넘어선다.

사랑은 가장 우선적으로 '즉시 필요로 하는 것'을 행하는 것이며, 고난 받는 자, 도움이 필요로 하는 자에게 도움을 제공하는 것이다. 정치 신학은 좀더 나은 세상을 만드는 기본 사명의 목적을 위해 이런 즉시적인 도움을 주는 일을 나중에 하려 한다. 이는 바로 과거에 개인이 유토피아 세계 건설의 도구가 된 가정(假定)이었고, 또한 현재에도 마찬가지다. 이런 유토피아 꿈은 개인 편에서는 여전히 비현실적이다.

그러나 썩는 밀알의 위대한 교훈은 어떤 부족함이 없다. 개인에 주어진 도움은 사랑의 지속적인 노력이며, 다가오는 하느님 나라에 대한 믿음의 싸움이다. 물론 하느님 나라는 우리가 노력해서 만들 수 있는 정치적 구조가 아니다. 이는 오히려 우리가 힘을 통해 획득할 수 없는 하느님의 선물(은총)이다. 그러나 이는 우리가 예수님을 따르며, 예수님을 섬기는 것과 관련이 있다. 왜냐하면 물질적인 것을 뛰어넘을 뿐만 아니라, 하느님을 주며, 하느님께 향할 뿐만 아니라, 하느님의 얼굴을 세우는 그 사랑은 항상 희소하기 때문이다. 이웃 사랑과 미사는 이 세상에서 소망으로 남는 것에 대한 기대이다. 그러나 이 이웃 사랑과 미사는 장차올 위대한 것에-참구원과 참 만족에-하느님의 얼굴에로 우리를 이끄는 소망의 힘이다.

전망: 세계 종교들과 믿음

결론적으로 우리는 성서적 삶의 형태와 전체 종교 역사와의 관계 간 질문에 다시 한 번 돌아와야 한다. 우리는 미사에서 이미지의 추구의 거부가 -그 거부에도 불구하고 하느님의 얼굴의 추구는 용인되었는데- 인격적인 하느님을 알게 하였으며, 그러므로 또한 "사람이 무엇인가"를 알게 하였음을 보았다. 이 점에서 종교의 역사가 나뉜다.

인격으로서 하느님을 모르는 대종교들은, 가령 신플라톤주의, 불교 또는 힌두교의 기본 형상들, 사람들이 간구할 수 있으며, 도움을 주거나, 해를 끼칠 수 있다는 신들에 대한 지식을 갖고 있다. 이러한 신들은 이미지로서 재현될 수 있다. 그들은 얼굴을 가지고 있다. 그들은 어떤 면에서는 인간이다. 그러나 이 '신(神)'들은 하느님이 아니다. 이들은 인간이 갈 수 없는 중간 영역에서의 '힘'(Mächte)이다. 반면에 이들은 궁극의, 완전한 내세(來世)의, 본질의 영역에 속하지 않는다. 이 '궁극적 실재성'(Die eigentliche Wirklichkeit)을 로마의 철학자 플로티누스(Plotinus)는 모든 존재와 모든 이름에 대해 '하나'(Eine)라 부르며, 불교의 인식에서는 절대적인 무(無)인 이 실재성은 이름도 얼굴도 갖지 않는다.

모든 정화와 치유의 궁극적인 목적은 이와 같은 "이름들과 얼굴들의 영역"에서 벗어나, "분열과 반대의 영역"을 벗어나, '하나'(Eins)의 무명(無名, Namenlose), 또는 무(無, Nichts)의 무명(無名) 속에 들어가는 데 있다. 과거에도 현재에서도 성서를 가진 종교(그리스도교)에서 새로운 것은 이 '최초의 존재'(primordial Being), '실제의 하느님'은 이미지가 없으면서도 얼굴과 이름을 가지며, 하느님은 인격(Person)이라는 사실이다. 그리고 구원은 '무명(無名)의 존재'에 빠져들어 가는 데 있는 것이 아니라, 오히려 우리가 거듭나면 우리에게 주어지는 "그의 얼굴을 찾는 만족"에 있다.

그리스도교인은 '찔림을 당한 자'를 바라보며, '예수 그리스도'를 바라보며 거듭남과 이 만족을 향해 나아간다.

2 장
아름다움의 화살로 받은 상처
십자가와 믿음의 새 '미학'

　매년 사순절 기간의 성무일도(聖務日禱)에서 한 패러독스를 통해 나는 매번 큰 감동을 받는다. 이 패러독스는 다름 아니라 4주 중 2번째 주 월요일 저녁기도에서 보게 되는 시편이다. 두 대창(antipon)이 서로 나란히 있는데 하나는 사순절 주(週)를 위해, 다른 하나는 부활절 주(週)를 위한 것이다.

　두 대창은 시편 45장을 도입하기 위한 것이지만, 이는 바로 45장을 완전히 서로 다르게 해석하는 열쇠를 갖고 있다. 시편 45장은 왕의 결혼식, 왕의 아름다움, 왕의 덕, 왕의 사명을 묘사하며, 그리고 신랑을 칭송하는 연결고리를 만든다. 사순절 기간 동안에 이 시편은 나머지 전 기간에 걸쳐 사용되는 동일한 대창이 뒤따라 온다. 시편 45, 3절에 기초한 것 중의 하나는 다음과 같이 말한다. "당신께서는 어떤 사람보다 수려하시며 당신의 입술은 우아함을 머금어 하느님께서 당신에게 영원히 강복하셨습니다."

교회는 당연히 이 시편을 그리스도와 교회와의 신부 관계를 예언자적, 시적인 표현으로 묘사하고 있는 것으로 해석한다. 교회는 그리스도를 사람들에서 가장 아름다운 사람으로 고백한다. 그의 입술로부터 흘러나오는 은혜는, 그의 말씀의 내적 아름다움과, 이 메시지의 영광을 가리킨다. 따라서 구원자가 갖는 외적 모습의 아름다움은 전혀 찬미되지 않는다. 오히려 구원자에게 진리의 아름다움이, 하느님 자신의 아름다움이 드러난다. 이 아름다움은 우리를 깨트려 동시에 우리에게 사랑의 상처를 안겨 준다. 이 사랑의 상처는 성스런 에로스이다. 이 사랑의 상처는 그의 신부인 교회와 함께, 그리고 교회 안에서 우리를 부르는, 바로 그 사랑을 만나게 해 준다.

그러나 성주간(聖週間)의 수요일에 교회는 이 대창을 바꾸며, 우리가 시편을 이사야 53, 2절에 비추어 읽도록 안내한다. "그는 주님 앞에서 가까스로 돋아난 새순처럼, 메마른 땅의 뿌리처럼 자라났다. 그에게는 우리가 우러러볼 만한 풍채도 위엄도 없었으며 우리가 바랄 만한 모습도 없었다." 어떻게 이 말씀을 시편과 어우러져 읽을 수 있는가? '사람의 아름다움'의 그 외모는 진실로 흉한 꼴이 되어, 아무도 그를 쳐다보고자 하지 않는다. 빌라도는 예수를 사람들 앞에 세우고 말하였다. 이 사람을 보라(Ecce homo)! 이 말은 채찍을 맞아 찢어지며, 망가져 더 이상 어떤 외적인 아름다움이 전혀 남지 않은 자에게 동정심을 갖게 하는 행동이다.

성 아우구스티노(Augustinus)는 청년의 때에 「미(美)와 적합에 대하여」(De pulchro et apto)라는 책을 썼으며, 언어·음악 그리고 회화와 조각에서, 아름다움을 열정적으로 추구하였다. 아우구스티노미(美)에 대한 패러독스를 크게 경험 하였고, 미(美)에 대한 그리스의 위대한 철학이 그냥 단순히 거부당하지 않았으며, 오히려 드라마틱하게 질문을 제기하였음을 알았다. 무엇이 아름다운 것이며, 아름다움은 무엇을 의미하는가를 새롭게 질문해 보며, 다시 철저히 분석 되어져야 한다.

본 글에서 제기되는 패러독스에 관련하여 아우구스티노는 '두 개의 트럼펫'의 대조되는 소리에 관하여 말하였다. 두 트럼펫은 상반된 소리를 내지만, 그럼에도 불구하고 한 영(Spirit)에서 동일한 숨을 통해 나오는 소리이다. 아우구스티노는 이 패러독스가 상반되지만 모순되는 것이 아님을 알았다. 두 말씀은 전체 성경에 영감을 주는 하나의 동일한 영(Spirit)에서 나오는 것이나, 이 영은 각 성경에서 서로 다른 음표를 연주한다. 그래서 이 동일한 하나의 성령은 우리에게 진정한 아름다움의 전모를, 진리를 차려 준다.[1]

우리가 이사야서 말씀으로 돌아가면, 그리스도가 아름다웠는가, 아니면 아름답지 않았는가의 질문, 바로 선조들의 관심을 불러일으킨 질문을 먼저 하게 된다. 이 질문 뒤에 또 다른 매우 파격적인 질문이 있는데, 이는 아름다움은 진리인가, 또는 보기 흉한 것이 실제에서 우리를 본래의 진리로 이끌어 주는가의 질문이다. 하느님은 바로 자기 자신을 십자가에 달린 그리스도의 깨어진 모습에서 '끝까지'(요한 13,1)의 사랑으로 나타냈다. 바로 이 하느님을 믿는 자는, 아름다움은 진리이며, 진리는 아름답다는 것을 안다. 그러나 고난받는 그리스도에서 진리의 아름다움은 또한 상처·고통, 물론 죽음의 어둠의 비

---

[1] 참조 J. Tscholl, Dio ed il bello in sant' Agostino (Mailand 1996), 특히 112-13.

밀까지도 포함하고 있음을 배우게 되며, 이 진리의 아름다움은 고통을 무시하는 데서가 아니라, 이를 받아들이는 데 발견되어진다.

아름다움은 고통과도 관계한다는 것을 처음 알아챈 지식은 그리스의 세계에서부터 현재 오늘 날에도 유효하다. - 예로 플라톤의 '파이도로스'(Phaidros)를 생각해 보면 알 수 있다. 플라톤은 아름다움과의 만남을 사람들을 격정적으로 흔들어 "사로잡아 가는", 치유하는 감정적 감동으로 보았다. 플라톤은 계속 인간은 자신에 주어진 본래의 완전성을 상실하였다고 말한다. 그래서 인간은 영원히 이 치유하는, 창조 때 가졌던 원래의 모습을 추구한다. 기억과 갈망은 바로 인간에게 이러한 추구를 하게 하는 것이며, 아름다움은 사람들을 일상생활의 만족에서 몰아낸다.

아름다움은 인간에 고통을 준다. 우리는 플라톤이 보는 견해에서 다음과 같이 말할 수 있다. 갈망하는 화살은 인간을 맞추며, 상처를 주며, 그리고 바로 이런 방법은 인간에 날개를 달아 주어 높은 곳으로 이끈다.[2]

아리스토파네스(Aristophanes)는 향연(Symposion)에서, 사랑하는 사람들은 실제로 자신들이 서로 무엇을 원하는지 모른다고 말한다. 두 사람의 영은 사랑의 유희보다 다른 어떤 것에 목말라 하고 있음은 분명하다. 그러나 그 영은 이런 사실을 다른 영에 대해 드러내 말할 수 없다. "그 영은 실제로 원하는 것을 어렴풋이 알고 있으며, 이에 대해 자신에게 수수께끼로 말한다."[3]

---

[2] 나는 여기서 Joseph Pieper의 플라톤 에로스에 대한 훌륭한 해석을 따르고 있다. J. Pieper, "Begeisterung und göttlicher Wahnsinn, Über den platonische Dialog Phaidros" 감격과 신의 광기: 플라톤의 대화 Phaidros에 대해, in: ders. Werke Bd. 1: Darstellungen und Interpretation: Platon, 플라톤: 설명과 해석 Hg. von B. Wald (Hamburg 2002) 248-331, 특히 314f. 이의 축약본이 1989년 Stuttgart의 Schwabenverlag에서 발간되었다.

14세기 비잔틴 신학자 니콜라스 카바실라스(Nikolaus Kabasilas)의 저서 「그리스도 안에서의 생활」에서 우리는 플라톤의 경험을 다시 발견한다. 플라톤의 경험에서, 갈망의 궁극적 대상은 여전히 언급되지 않고 있다. 이는 니콜라스 카바실라스가 다음과 같이 말할 때 그리스도교적으로 변화되었다.

> 인간의 본성과 욕구를 넘어서며, 인간의 생각을 넘어서는 것을 성취해 낼 수 있는 그런 강렬한 열망을 사람들이 갖고 있다면, 이 사람들에게 상처를 준 것은 다름 아닌 바로 그 신랑(the Bridegroom)이다. 그들의 눈 속으로 그 신랑은 스스로 자기의 아름다움의 광선을 보냈다. 상처의 크기는 바로 이 화살을 보여주며, 갈망은 바로 화살을 쏜 그 사람을 가리킨다.4)

아름다움은 상처를 입는다. 그러나 이로써 사랑은 사람으로 하여금 자신의 궁극적 운명을 자각하도록 한다. 플라톤과 그리고 1500년 훨씬 뒤에 카바실라스가 말한 것은 피상적인 무신론과 비합리주의, 분명함으로부터 도피, 이성의 진지성과 전혀 관계가 없다. 아름다움은 지식, 분명 높은 유형의 지식이다. 왜냐하면 아름다움은 진리의 위대함을 가지고 인간을 만나 주기 때문이다. 카바실라스는 지식(das Erkennen)을 처음부터 중요하게 여긴 점에서 완전한 그리스인이었다. "실제로 사랑의 원인은 지식이며, 지식은 사랑을 낳는다.5) 종종 이 지식은 매우 강하여, 이는 마치 사랑의 묘약을 마시는

---

3) Pieper, ebd. p. 315; Symposion 192c-d.
4) Nicholas Kabasilas, Das Buch vom Leben in Christus. 그리스도 안에서의 생활 Übertragen von G. Hoch(Einsiedelln 1991 3판) 79f.
5) Ibid. 78.

것과 같은 효과를 갖는다고 말한다.

카바실라스(Kabasilas)는 이 말을 일반적인 용어 수준에 머물게 하지 않는다. 그는 자신의 사고의 근본에서 두 유형의 지식을 나누고 있다. 하나는 가르침을 통한 지식이며, 이는 간접적인 것으로 실제와의 접촉 없이 생기는 지식이다. 두 번째 지식은 이에 반해서 자신의 경험을 통한 지식인데, 이는 실제와의 접촉을 통해 이루어진다. "우리가 본질을 만져 보지 못하는 한, 그 대상이 받아야 할 가치만큼 그 대상을 사랑하지 못한다."6)

진정한 지식은 사람에게 상처를 주는 아름다움의 화살에 맞는 것이다. 실제와의 만남, 그가 표현하는 방식을 빌리자면 "그리스도 자신의 인격적인 임재"와의 만남이다. 그리스도의 아름다움에 압도되는 것은 단순한 이성적인 추론을 넘어서는 실제적이며, 심오한 지식이다. 물론 우리는 신학적인 고려의 중요성, 정확하며 세심한 신학 사상의 중요성을 과소평가해서는 안 된다. 이는 전적으로 필요하다. 그러나 이런 이유로 '아름다움과 마음의 만남'을 통해 만들어진 감동을 경멸해야 되는지, 아니면 지식의 온전한 형태로 배척해야 되는가 등을 논하는 것은 우리를 곤고하게 만들며, 믿음과 신학을 함께 황폐하게 한다. 우리는 올바른 지식의 방식을 재발견해야 하며, 현재 우리의 시대에 매우 긴급한 요청이다.

한스 우르스 폰 발타살(Hans Urs von Balthasar)는 이러한 시각을 자신의 논의의 출발로 삼아, 신학적 미학에 관해 대작(magnum opus)을 완성하였다. 전체 작품의 본질적인 요소를 구성하는 그의

---

6) Ibid. 79.

기본적인 접근은 폭넓게 받아들여지지 않지만, 그의 많은 중요한 것들이 오늘날 신학계에 들어와 있다.7) 물론 이는 유일한, 그리고 전적으로 신학적 문제는 아니다. 오히려 사람들로 하여금 믿음의 미학과 만나도록 주선하는 목회의 문제이기도 하다. 이 주장은 종종 허공에 대고 하는 것 같은데, 왜냐하면 우리가 사는 이 세상에는 너무 많은 상반되는 주장들이 난무하여 이성은 밀랍과 같은 코를 가졌다는 이 중세의 신학자 발타살(Balthasar)의 특별한 언급을 생각하게 하는 데 도움을 못 준다. 다시 말해 사람이 기술만 있다면 밀랍코는 여러 모양으로 형상을 비틀어서 만들 수 있다. 모두가 그렇게 똑똑하고 또한 분명한데 과연 우리는 누구를 신뢰해야만 하는가?

아름다움과의 마주침은 화살에 맞는 것이 될 수 있다. 이 화살은 영혼에 상처를 내며, 보는 것을 명료하게 하여 줌으로써, 영혼은 경험을 토대로 하여 판단의 기준을 갖게 되며, 논쟁들을 올바르게 따져 경중을 가릴 수 있게 된다.

레너드 번스타인(Leonard Bernstein)이 칼 리터(Karl Richter)의 갑작스런 죽음을 추모하여, 뮌헨에서 지휘한 바흐 콘서트를 정말로 잊을 수 없다. 나는 당시에 루터교 주교 한젤만(Hanselmann) 옆에 앉아 있었다. 토마스-칸토-칸타다(Thomas-Kantor-Cantatas)의 마지막 음이 웅장한 승리로 사라지자, 우리는 서로를 무의식중에 갑자기 보았고, 또한 마찬가지로 서로 서로 말하였다. "이 음악을 들은 자는 믿음은 진리임을 안다." 이 음악에는 현실을 초월하는 '들을 수 없는 힘'을 육의 귀로 들을 수 있게 되었는데, 이는 사람들이 추론의 결과를 통해서가 아니라, 결코 무(無)에서 나오는 것이 아니라,

---

7) 이와 관련하여 특히 그의 저서 중 첫 권을 말한다. Herrllichkeit. Eine theologische Aesthetik: Sein der Gestalt 영광. 신학적 미학. 형상의 존재(Einsiedeln 1961).

작곡가의 영감 속에 내재되어 있는 진리에서 나오는 것임을 알았다. 우리가 루블레프(Rubljew)의 삼위일체에 대한 성화상에 의해 감동을 받는다면 방금 말한 것이 또한 분명해지지 않을까? 형상의 예술에서, 그러나 또한 로만틱과 고딕시대의 위대한 서구회화에도 카바실라스(Kabasilas)가 묘사하고 있는 경험이 내부의 사건에서 외형의 형식으로 되었고, 그러므로 전달 가능하게 되었다.

폴 에브도키모프(Paul Evdokimov)는 한 형상이 어떤 내적인 방식을 전제로 하고 있는지 정확하게 보여 주었다. 형상은 단순히 지각에 의해서 보이는 것을 재생산하는 것이 아니라, 오히려 -그가 말하였듯이- '보는 것의 압축'을 전제한다. 내적인 인식은 단순한 의미의 인식적 인상에서 자유롭게 되어야 하며, 그리고 기도와 고행을 통해 새롭고 심오한 형식의 보는 것을 배워야 한다. 단순한 외부적인 것에서 실제의 깊음으로의 경계를 넘어서야 되며, 그래서 예술가들은 지각이 볼 수 없는 것을 본다. 이는 심지어 지각의 대상으로서 나타날 때에도 그러하다. 즉 대상은 "하느님의 영광의 찬란함", "그리스도의 얼굴에 나타나는 하느님의 영광"이다.[8]

형상을 바라보는 것, 그리고 일반적으로 그리스도교 예술의 명작을 바라보는 것은 우리를 내적인 길, 경계를 넘는 초월의 길로 인도한다. 그러므로 이는 우리로 하여금 마음의 정화인, 보는 것의 정화에서 아름다움과 얼굴 -적어도 얼굴의 한 빛줄기를- 을 맞대게 한다. 이런 방식을 통해 우리로 하여금 진리의 힘과 만나게 해 준다.

---

8) P. Edvokimov, L'art de l'icêne. Théologie de la beauté (Paris 1970). 특히 153-165; 비교 J. Ratzinger, Der Geist der Liturgie 전례의 정신 (Freiburg 2000) 99-116.

그리스도를 위한 진정한 옹호론, 진리의 가장 설득력 있는 증거, 부정적으로 나타나는 모든 것을 상쇄하는 것은 한편에서는 성자들(die Heiligen)이며, 다른 한편에서는 믿음이 불러오는 아름다움이라고 확신하고 있음을 나는 여러 번 말하였다. 이로써 오늘날 믿음이 성장하도록, 우리는 우리 자신을 그리고 우리가 만나는 사람들을 성자들과 만나도록, 아름다움과 만나도록 이끌어야 한다.

그러나 지금 우리는 또 다른 이의(異義)에 대답해야 한다. 아름다움의 추구는 불합리에로, 단지 미학으로의 탈출·미의 심취라는 주장을 이미 반박하였다. 왜냐하면 그 반대가 바로 진리이기 때문이다. 따라서 바로 이런 방법으로 이성은 그 둔함에서 해방되며 그리고 행동의 능력을 갖는다.

오늘날 그 반대는 우리에게 무겁게 다가온다. 아름다움의 소식이 거짓의 힘, 현혹, 폭력, 악의 힘들에 의해서 다시금 의문시되어진다. 아름다운 것이 진실이 될 수 있을까? 아니면 아름다움은 결국에 가서는 단지 하나의 착각인가? 실체가 아마도 본질적으로 악한 것은 아닌가? 우리를 진리에로 가져오는 것이 아름다움의 화살이 아니라, 그 대신에 거짓, 혐오스러움 그리고 천박스러운 것이 사실은 '진리'가 될지도 모른다는 두려움이 모든 세대에서 사람들을 고뇌스럽게 하였다.

이는 현재 아우슈비츠 사건 이후 시를 쓴다는 것은 더 이상 가능하지 않다는 슬로건에 표현되어졌다. 아우슈비츠 사건 이후에 사람들은 더 이상 선한 하느님에 대해 말할 수 없다. 사람들은 의구심을 갖는다. 사람을 태우는 가스실이 연기를 내고 있을 때 하느님은 어디에 계셨는가? 아우슈비츠 사건 이전에도 우리 역사에 끔직한 많은 일들이 있었다는 비판은 어떤 경우든 아름다움에 대한 단순한 조화로운 개념은 충분하지 않음을 보여 준다. 이는 하느님의, 진리의 그리고 아름다움이 갖는 진지성을 정당하게 다루지 않는다. 소크라테스-플라톤에게는 '하느님'이었고, 순수한 아름다움을 '정말 신의 것'으로 단언한 아폴로는 충분하지 못하다.

이로써 우리는 다시금 성경의 '두 트럼펫'으로 되돌아간다. 이 성경에서 우리는 출발하였고, 그리스도에 대해 두 가지를 말한 패러독스로 되돌아가는 것이다. "당신은 모든 사람 가운데 가장 아름다운 사람입니다." 또한 "어떤 아름다움도 그에게는 없었다. 그의 얼굴은 보잘것없었다." 그리스도의 고난에서 놀라운 가치를 가진 그리스의 미학은 말로 표현할 수 없는 신성한 것과의 만남과 함께 버려지지 않고, 오히려 초월한 것이다. 아름다움에의 경험은 새로운 깊음, 새 사실주의(realism)를 받아들인 것이다.

아름다움 자체가 되는 '그 사람'은 스스로 사람들이 얼굴을 때리고, 침을 뱉고, 가시로 왕관을 만들어 그 머리에 씌우게 했다. 예수의 성의(Schroud of Turin)는 바로 이를 감동적으로 이해하는 데 도움을 준다. 그러나 진실로 볼품없는 얼굴에 그 진실 된, 그 궁극적인 아름다움이 드러난다. 이 사랑의 아름다움은 "바로 그 끝까지"하는 사랑이며, 거짓과 폭력보다 훨씬 더 강함을 보여 준다. 이 아름다움을 받아들이는 사람은 거짓이 아니라, 바로 진리가 궁극적으로 세계의 최후의 권위임을 알게 된다. '진리'인 것은 거짓이 아니다. 그것은 진리다. 다시 말해서 "나를 넘어서, 나 외에는 아무것도 없다"고 말하는 것은 바로 거짓의 새로운 술책이다. 진리를 찾는 것을 중단하거나, 진리를 사랑하는 것을 중단하는 것은 모두 길을 잘못 들어선 것이다.

십자가의 형상은 바로 오늘날 우리를 압도해 오는 거짓으로부터 자유케 한다. 이는 물론 우리가 그와 함께 상처를 입었으며, 그 사랑에 신뢰하며, 이를 감수하며, 외적인 미를 거절하며, 그래서 더욱 아름다움의 진리를 선포할 수 있음을 전제로 한 것이다.

거짓은 그러나 또 다른 간계를 가지고 있다. 속이는 거짓의 아름다움이다. 현란한 아름다움은 자아를 깨어 높은 곳으로 향한 즐거움을 주지 못하고, 오히려 자신에 굴레를 씌워 자아를 감금한다. 이러한 아름다움은 말로 표현할 수 없는 것에 대한 동경, 희생과 자신을 드리고자 하는 의지를 깨우지 못하며, 대신에 욕정과 권력, 소유, 유희에의 의지에 눈을 뜨게 한다.

이는 창세기에서 죄에의 타락을 설명하고 있는 일종의 아름다움에의 경험이다: 하와는 나무가 먹음직스러울 정도로 '아름답다'고 또한 '보기에도 좋았다'고 나무를 보았다. 하와가 경험한 것처럼 '아름다움'은 하와에게 소유하고자 하는 욕구를 일으켰으며, 말하자면 자신을 돌아보도록 하였다. 예를 들어 모든 속삭임으로 만들어져, 갖도록 하는 광고 속의 그림을 보면, 누가 감히 순간, 안목(眼目)의 정욕의 만족을 넘어서 다른 것에 눈을 돌릴 수 있단 말인가?

마찬가지로 그리스도교 예술도 오늘날 이미(아니면 과거에 항상 그래왔던 것처럼) 두 불(fire) 가운데 있다. 혐오스런 우상숭배를 이겨야 한다. 이 우상숭배는 우리에게 그 외 모든 아름다운 것은 거짓이라 말하며, 잔인한, 열등한, 저속한 것들에 대한 묘사가 진리이며, 올바른 계몽이라고 이야기한다. 그리고 그리스도교 예술은 속이는 아름다움을 견디어내야 한다. 속이는 아름다움은 인간을 위대하게 만드는 것이 아니라 왜소하게 만들며, 거짓이다.

도스트에프스키(Dostoyevsky)의 종종 인용되는 "아름다움이 우리를 구원하는가"라는 말을 모르는 사람이 있는가? 사람들은 그러나 도스토에프스키가 말한 구원의 아름다움은, 그리스도의 아름다움을 의미하고 있음을 보통 지적하지 않는다. 그리스도를 보는 것을 우리는 배워야 한다. 우리가 단지 말씀으로서만 그리스도를 알지 않고, 그의 패러독스적인 아름다움의 화살에 맞게 되면, 그러면 우리는 그리스도를 정말로 아는 데 이르게 되고, 우리는 더 이상 간접적으로 그를 알게 되지 않는다. 그렇게 되면 우리는 진리, 구원하는 진리의 아름다움을 만난다.

믿음에 의해서 만들어진 아름다움의 세계, 성스런 거룩한 자의 얼굴에 나타나는 그 빛보다, 그 어떤 것도 우리로 하여금 그리스도의 아름다움과 만나게 해 줄 수 있는 것은 없으며, 그리스도의 빛은 그의 얼굴을 통해 보이게 된다.

3 장
의사소통과 문화
3천년대 복음파의 새로운 길*

(* 본 글은 복음전파와 문화라는 주제로 이탈리아 주교회의에서 강의한 것이다. 원래의 원고에 수록된 이탈리아의 문화적인 간단한 조망은 의도적으로 제하였다. 이는 독자들이 본 글의 내용을 자신들의 문화적 여건에 맞게 적용하기가 쉽기 때문이다. 본 글을 넣게 된 것은 이 글의 중심에 그리스도의 모습이 담겨 있기 때문이다.)

내가 부탁받은 주제에는 3개의 주요 개념 '의사소통(Kommunikation)-문화(Kultur)-복음전파(Evangelisierung)'가 있다. 의사소통과 문화의 두 개념은 분명히 같은 부류에 속한다. 복음전파는 말 이상인 말씀을 전달하는 것이다. 복음전파는 삶의 방식이며, 실제로 삶 자체이다. 그래서 주제의 질문은 다음과 같다. 복음이 어떻게 나의 경계를 지나 다른 사람으로 넘어갈 수 있는가? 복음에 어떻게 친교(Kommunion)가 생기게 되어, 어떻게 나와 다른 사람을 함께 엮어 줄 뿐만 아니라, 또한 우리들이 하느님 말씀으로 하나가 되게 하여, 진정한 하나 됨, 통일을 이루어 낼 수 있는가?

'의사소통'과 '복음전파'라는 단어 사이에 우리의 주제인 '문화'라는 단어가 있다. 분명 문화는 의사소통의 수단, 메시지가 전달되는 공간으로 이해되어야 한다. 실제로 복음은 실제 생활에서 '칠판(tabula rasa)'과 같은 마음을 가진 인간에게 그냥 전달되는 것은 아니다. 아리스토텔레스와 토마스 아퀴나스(Thomas von Aquin)에 따르면 검은 칠판은 바로 인간 마음의 최초의 상태이며, 성장함에 따라 생명을 얻게 된다. 그러나 실상은 그렇지 않다. 우리의 전달이 안착되는 정신의 칠판은 다양한 방법으로 기록되며, 그리고 항상 셀 수 없이 많은 의사소통에 접하게 되어, 이 생각의 판에 어떤 다른 것들을 더 덧붙인다는 것이 불가능한 것처럼 보인다.

오늘날 정보 홍수를 고려해 보면, 우리 영혼의 칠판에 여유 공간이 도대체 남아 있을까, 또는 -과거에 종종 있었던 것처럼 보이는데- 복음이 마음의 가장 먼 외곽자리 모퉁이에 쓰이는 것은 아닌가? 아니면 복음은 수많은 정보 중에 또 다른 한 조각의 정보, 칠판의 주변에 더불어 있는 몇몇 글자는 아닌가? 그렇지 않다면 매일매일 우리에게 쏟아지는 정보와는 질적으로 다른 소식, 열쇠(key)인가? 이런 소식의 성격에 대한 질문에 따라 전달의 올바른 방식에 대한 질문이 달려 있다.

복음이 수많은 정보 중에 단지 이야깃거리에 불과하다면 복음은 아마도 더 중요한 소식을 위해 밀리며, 거부될 것이다. 그러나 우리가 복음이라 불리는 소식이, 전적으로 다른 종류의 정보라고 어떻게 명확하게 할 수 있는가? 다시 말해 복음이 -오늘날의 표현에 따르면 '수행'(Performation)- 삶의 과정이며, 이 삶의 과정을 통해 인간존재의 수단이 결국에는 올바르게 정해진다고 어떻게 명확하게 할 수 있는가?

그러나 우리는 논제에서 벗어나 있다. 나는 이미 마음의 칠판이 빈 공간이 아니라고 말하였다. 우리는 이에 다음의 말을 덧붙여야 한다. 인간은 결코 혼자가 아니며, 인간은 사회에 의해 특징되어진다. 그 사회는 인간에게 사고, 느낌 그리고 행동의 형식을 제공한다. 개개의 인간을 이미 특징지어 주는 사고와 추리형식의 체계를 우리는 문화라고 부른다.

문화의 첫째, 그리고 가장 중요한 요소는 언어이며, 그 다음으로 사회의 헌법, 다시 말해 하위체계를 가진 국가 그리고 법, 관습, 도덕적 견해, 예술, 숭배의 형태 등이 속한다. 이런 삶의 체계, '문화' 속으로 복음의 말씀이 들어간다. 복음은 문화에서 이해되며, 문화에 어떤 영향을 미칠 수 있어야 한다. 즉 삶의 전체 행태에 깊은 흔적을 남기는, 전체에 스며드는 효소와 같은 것이 되어야 한다. 복음은 어느 정도까지는 문화를 필요한 전제조건으로 하지만, 문화를 대체하지는 않는다. 문화에 특징을 더하는 것이다.

그리스의 세계에서 우리가 쓰는 문화라는 단어와 가장 가까운 단어는 '파이데이아'(Paideia)이다. 이 단어는 교육이라는 의미이며, 교육은 사람을 참된 인간성으로 이끈다. 라틴어에서 같은 아이디어가 단어 '에루디티오'(eruditio, 교육)에 표현되어 있다. 인간은 거친 미완성에서 벗어나, 진정한 인간성을 갖는 존재로 빚어진다. 이런 의미에서 복음은 본질적인 파이데이아(Paideia)의 의미에서 문화이나, 인간의 교육에서 복음은 인간을 사회적인 존재로 만드는 다른 요소들과 함께한다.

그러나 나에게 던져진 주제는 문화의 매체로서 복음의 의사소통에 대한 일반적인 질문에 시간의 구체화, '3천년대'가 덧붙여진다. 그래서 우리에게 중요한 문제는 추상적인 복음과 문화 간의 관계가 아니고, 오늘날에 문화라는 범주에서 복음이 어떻게 전달 가능하도록 하는가에 대한 도전이다. 그래서 최소한 다음과 같은 질문은 해봐야 한다. 그렇다면 오늘날에 우리 영혼의 칠판에 쓰여지고 있는 문화는 무엇인가?

이 세미나의 범주에서는 시간에 대한 구체화는 공간에 대한 설정이 뒤따라야 한다. 우리는 이탈리아에 있는 교회에 대해서 말하고 있다. 현재 이탈리아는 자신의 고유한 특별성과 더불어 서구세계와 서구의 문화에 속한다. 이 문화는 한편으로는 그리스도교 유산에 의해 구성되어 있으며, 이탈리아에서 가톨릭 믿음의 특성은 물론 의심할 바 없이 서구의 나라들과 비교해서 훨씬 강하다. 이런 의미에서 복음은 단순히 이질적인 공간에 들어가지 못한다. 그리스도교 문화의 지속적인 요소들을 우리는 가볍게 평가해서는 안 되며, 그리고 개혁에 대한 열정으로 인해 우리는 이를 낡은 폐물로 버리려고 하지 말아야 한다.

이런 일은 여기저기서 '후(後) 공의회 교령해석위원회 시기'(postconciliar era)의 첫 열광에서 나타났고, 또한 갑자기 시기를 세분하여 쪼개고, 모든 현존하는 그리스도교적 문화를 '교령해석위원회 이전'(preconciliar)이라 낙인찍어, 시대에 뒤진 것으로 라벨이 붙었다. 이는 잘못되었다.

우리는 그리스도교 형식이 우리의 공동생활에 유산으로 흔적을 갖고 있음에 기뻐해야 한다. 필요하다면 유산에서 먼지를 털어내고, 깨끗하게 하고, 강화하며 장려해야 한다. 그러나 이미 중세시대에서처럼 그리스도교 문화는 비 그리스도교적인, 그리고 반그리스도교적인 요소와 함께 공존하여 왔다. 계몽시대 이후 서구의 문화는 매우 빠른 속도로 자신의 그리스도교 기초에서 멀어져 갔다.

가정과 부부 관계의 해체, 인간의 생명과 존엄에 대해 지속적으로 증가하는 공격, 믿음을 주관적 범주로 강제하는 것, 윤리적 가치의 분파와 상대화, 이와 더불어 공공의식의 세속화 등은 바로 그리스도교 문화의 쇠퇴를 너무나 분명하게 보여 준다. 이런 면에서 이탈리아와 그리고 서로 다르지만 모든 서구세계에서 오늘날의 문화는 내적인 모순에 의해 찢어졌다. 그리스도교 문화가 자신의 방식을 주장하거나 또는 새로운 문화를 창출하면서 존재하고 있으나, 그리스도교 파이데이아(Paideia)와 상반하는 모델들 역시 상존하며, 그리스도교문화와의 갈등은 더 증가하고 있다. 따라서 이 문화에 파고드는 복음전파는 하나의 단일 그룹에 향하는 것은 아니다. 이 모순되는 환경에서 복음전파는 분별의 기술을 발휘할 수 있어야 하며, 믿음을 받아들일 여력이 남겨져 있는 세속화된 문화의 지역에도 복음화가 이루어질 길을 찾아야 한다.

내가 이런 생각을 구체적으로 말하여 줄 수 있는 몇 개의 가설을 세우기 전에, 내가 위대한 바실리오(Basillius)의 작품에서 찾은 비유, 문화적인 만남과 대결에 대한 그림을 먼저 보여 주고자 한다.

바실리오(Basillius, 379년 사망)는 그 시대의 그리스 문화와 씨름하는 가운데서, 오늘날 우리가 직면하고 있는 것과 비슷한 과제에 자기 자신이 직면해 있음을 알았다. 그는 아모스의 자기 소개를 언급하는데, 아모스는 자신에 대해 다음과 같이 말한다. "나는 선지자가 아니며 선지자의 아들도 아니라 나는 목자요 뽕나무를 재배하는 자로서."(아모스서 7, 14: 성서공회-뽕나무는 '돌무화과 나무'로 번역되나 독일어 성경에 따라 뽕나무로 번역하였음- 역자 주).

예언서의 그리스 번역, 70인 역 성서(Septuaginta LXX)의 번역은 그 후반부 번역을 더 생생하게 보여 준다. "나는 단지 뽕나무에 상처를 내는 자였다." 이 번역은 뽕나무의 열매는 수확을 하기 전에 상처를 내야 한다는 사실에 기초한다. 그러면 뽕나무 열매는 수일 내에 익게 된다. 바실리오(Basilius)는 이사야 9, 10에 대한 해석에서 이런 관행을 적용한다. 그는 이에 대해 다음과 같이 쓰고 있다.

> 뽕나무는 매우 많은 열매를 맺는 나무이다. 그런데 뽕나무는 그냥 놔두면 전혀 맛이 없고, 그래서 매우 조심스럽게 열매에 상처를 내면 즙이 흐르게 되고, 매우 맛있게 된다. 그러므로 우리는 뽕나무가 이방세계의 전체에 대한 상징으로 믿고 있다. 이방세계는 참으로 수없이 많은데, 맛이 없다. 이는 이방세계의 일상적인 관습에서 나온다. 그래서 이런 관습에 상처를 낼 수 있다면, 즉 로고스를 통해 상처를 주게 되면 이방 세계는 변화하여 맛있고, 유용하게 된다.[1]

크리스찬 그닐카(Christian Gnilka)는 이 말씀에 대해 다음과 같이 해석하고 있다.

> 이 상징에는 이방세계의 풍부함, 부(富), 풍족함 이 있다. 그러나 여기에도 역시 그들의 부족한 것이 있다. 이 부족한 것은 다름 아닌 맛이 없고, 쓸모가 없는 것이다. 이에 완전한 변화가 필요한데 여기서 변화는 본질을 파괴하지 않고 그에 부족한 특질을 더하여 주는 것이다. 열매는 열매로서 남게 된다. 그 열매의 풍부함은 감소되지 않고 오히려 장점으로

---

[1] Basilius, Is 9, 228 (Kommentar zu Jesus 9, 10) PG 30, 515D/517A. 이사야에 대한 해석은 논쟁적이다. 여기서 인용한 것은 : Chr. Gnilka, Chrêsis. II Kultur und Conversion (Basel 1993) 84. 이후에의 인용도 Gnilka 책에 의존하였으며, 그의 책은 복음과 문화에 대한 중요한 연구이다.

인정된다. 반면에 그 필요한 변화는 전에는 먹을 수 없는 것을 먹을 수 있게 하였다는 사실에서 가장 분명하게 드러난다. 즙이 흐르는 것은 정화의 과정을 의미한다.2)

여기서 한 가지 덧붙일 것이 있다. 그 필요한 변화는 나무 자체에서 그리고 자체의 열매에서 발원하는 것이 아니라, 경작자의 손댐이다. 외부에서의 간섭이 필요하다. 인간 문화의 특징을 이루고 있는 이방세계에 그리스도교를 적용하는 것은 다름 아니라, 로고스 자신이 우리의 문화들을, 문화의 열매들에 상처를 줌으로써 먹을 수 없는 것이 순화되어, 먹을 수 있는 것으로 될 뿐만 아니라 좋은 것으로 되어야 함을 의미한다.

우리가 이 성서 구절을 매우 조심스럽게 그리고 이 구절이 말하고자 하는 것을 깊게 고려하면, 또 한 가지를 관찰해 볼 수 있다. 우리의 문화를 그 문화적인 정화와 성숙함으로 이끄는 것은 바로 궁극적으로는 로고스 자신이나, 이 로고스는 우리를 종으로서 '뽕나무의 경작자'로서 만든다. 그 필요한 간섭은 열매와 익어가는 과정에 대한 친숙함, 경험 및 인내를 요구한다.

바실리오(Basilius)는 여기서 전 이방세계와 이방세계의 관습에 대해서 말하고 있기 때문에, 이 이미지는 특히 '관습'이라는 단어가 우리 선조들의 글에서는 정도 차이가 있으나, 우리가 사용하는 문화라는 개념에 상응하는 단어 중의 하나가 된 이후에는 개별적인 영혼의 방향보다는 문화의 정화와 성숙에 대해서 말하고 있음은 분명하다. 따라서 이 글에서 보면 우리가 알고자 하는 의문점이 정확히 묘사되어 있다. 문화의 범주에서 복음전파의 방법, 문화와 복음과의 관계이다.

---

2) Gnilka, a.a.O. 85.

복음은 문화 '옆에' 서 있는 것이 아니다. 복음은 단순한 개인에게만 적용되는 것이 아니라, 개인의 정신적인 성장과 성숙, 그 개인이 하느님과 세상에 대해 열매를 많이 맺음과 못 맺음에 영향을 주는 문화에도 적용된다. 복음화는 또한 문화에 대한 단순한 적응도 아니며, 문화의 토착화라는 피상적인 개념의 의미에서 문화적인 요소로의 치장도 아니다(피상적인 문화의 토착화는 미사에서 일부 새 요소들 또는 변형된 언어의 특징을 가지고 일이 다 되었다고 여긴다). 그렇지 않다.

복음은 한 상처를 내는 것과 같은데, 이는 다시 말해 성숙과 치유로 되는 정화이다. 복음은 인내의 과정과 이해를 요하는 상처이며, 그래서 이 상처는 최적의 시간에, 최적의 장소에, 그리고 최적의 방법으로 일어나게 되도록 해야 한다. 그러므로 이런 방식은 내부 안에서부터 문화에 대한 이해, 위험성, 숨어져 있거나 드러난 가능성의 이해를 필요로 한다. 따라서 이러한 상처는 "자동적으로 성숙으로 이끄는 순간적인 일"3)이 되어서는 안 된다. 오히려 믿음의 사람들의 봉사에 의해 중재되는 로고스와 문화 간의 지속적인 인내를 가진 만남이 필요하다.

이로써 나는 이제 오늘날 필요로 하는 믿음과 문화의 만남에 가장 중요한 것을 말한 것 같다. 이 글은 또한 오늘날 '문화토착화'(inculturation)라는 말과 연결되어 한쪽으로 치우친 견해를 수정하였다. 그러나 지금까지 말한 내용을 세 주제로 나누어 설명하는 것이 유용해 보인다.

1. 그리스도교적인 믿음은 세계의 문화에 대하여 "위대하며, 진실되며, 순수한 모든 것"에 개방적이다. 이는 이미 바오로가 필리피

---

3) Ibid., S.86.

교회에 대한 편지에서 밝힌 바와 같다. "끝으로, 형제 여러분, 참된 것과 고귀한 것과 의로운 것과 정결한 것과 사랑스러운 것과 영예로운 것은 무엇이든지, 또 덕이 되는 것과 칭송받는 것은 무엇이든지 다 마음에 간직하십시오."(필리 4,8) 이 말씀에서 바오로는 물론 무엇보다 자신의 견해에서 볼 때에, 그리스도교 유산과 매우 닮아 보이는 스토아 도덕의 중요한 요소들, 그러나 일반적으로는 그리스-로마 문화의 모든 위대 한 것 들을 언급하는 것 같다. 바오로가 바로 이 지역을 향해 말한 것은 전 인류적으로 통한다.

오늘날 선교하려는 자는 우리 문화에서 복음, '말씀의 씨앗'에 열려 있는 것들을 찾는 것에서부터 시작해야 하며, 그리고 이를 싹트게 하며, 발전시킬 수 있도록 노력해야 한다. 선교자는 물론 믿음에 반대되거나 또는 복음을 받아들이는 데 도움이 되는 사회학적, 심리적인 토대들도 고려해 한다. 그리스도교는 한때 도시 문화에서 시작되었고, 그리고 천천히 나라 전체로 확대되어 갔다. 시골 거주자는 '이방인'이었다. 그리스도교는 농업 문화와 연계되었고, 오늘날에 복음은 도시 문화에서 머무를 수 있는 장소를 다시금 찾아야 한다. 평신도 운동, '믿음으로 향하는' 새로운 운동, 교회에서의 모임, 세계 청소년의 날 등은 모델들이다. 주교들은 전문가들과 함께 이에 대해 숙고해야 한다.

2. 믿음은 '다리를 놓는 연결'(Anknüpung)을 익히 알고 있으며, 믿음은 좋은 것들을 수용한다. 그러나 믿음은 또한 문화에서 복음에 반대해 문을 걸어 잠그는 것들을 반대하는 몸짓이다. 믿음은 우리가 들은 바와 같이 '상처'이다. 따라서 믿음은 문화에 비판적이었으며, 오늘날에도 여전히 두려움 없이 용감하게 문화에 대해 비판적이어

야 한다. 쉬운 타협은 아무에게도 유익하지 못하다.

후고 라너(Hugo Rahner)는 이를 pompa diaboli -(사탄의 허식)- 에 대한 박사논문에서 매우 인상적으로 보여 주었다. 세례 관습의 일부분은 결국 '사탄의 허식'(Pomp des Teufels)의 거절이다. 이는 무엇을 의미하는가? 그리스도교인은 무엇을 통해서 구분되는가? 그리고 말(word)은 우선 연극, 서커스 놀이에 해당되는데, 여기서 인간의 도살은 육신적 즐거움의 장관으로 되며, 잔인함, 폭력 그리고 인간 존엄의 무시는 유희의 클라이맥스가 되었다. 그러나 이 연극에 대한 거절은 완전히 한 문화 유형을 -다시 말하면 한 문화의 질병을 말한다. 즉 그리스도인이 되고자 하는, 그리고 인간에게서 하느님의 형상을 보고자 하며, 하느님의 형상에 따라 살고자 하기 위해서는 이 문화의 질병에서 자신을 떼어 내야 한다.4) 그래서 세례 거부는 그리스도교의 문화- 비판적인 성격을 보여 주는 축소판(縮小版)이며, 그리스도교가 관여하여 어떤 것들을 배척하는 '상처'의 표시이다. 누가 오늘 이 시대와 시대의 문화병(病)에 대한 비유를 이해하지 못하고 있는가?

3. 어느 누구도 혼자 살지 않는다. 복음과 문화 관계에 대한 언급은 이를 분명하게 해 준다. 그리스도인이 되는 것은 문화적 치료와 변화가 완전히 이루어지는 삶의 환경을 요구한다. 복음전파는 결코 지적인 커뮤니케이션이 아니다. 복음은 삶의 과정이며, 우리 삶의 정화이며, 변화이며, 게다가 이를 이루기 위해서는 '함께 걸어가는 교제'(Weggemeinschaft)

---

4) H. Rahner, Pompa diaboli, in: ZkTh 55(1931) 53-108; 비교 J. Holdt, Hugo Rahner. Sein geschichts- und symboltheologisches Denken 후고 라너: 역사와 상징적 신학적 사고 (Paderborn 1997) 67.

가 필요하다.

이는 경건주의가 왜 필연적으로 경건의 형식을 받아들여야 하는가 하는 이유이다. 경건의 형식에서, 특히 생각과 삶의 관계가 무엇보다 제대로 세워지는 데서 필요로 하는 회복이 일어난다. 카르타고의 키프리안(Cyprian, 258년 사망)의 '그리스도 믿음에로의 회심'에 대한 보고가 많이 회자되고 있다. 그는 우리에게 자신이 회심하며 세례를 받기 전에는, 사람들이 어떻게 그리스도인으로서 사는지, 자기 시대의 관습들을 어떻게 극복하는지 전혀 상상해 볼 수 없었다고 말한다.5) 그는 여기다 유베날(Juvenal)의 풍자시(Satires)를 많이 닮은 당시의 관습들에 대한 결정적인 조망을 주고 있다. 그러나 이는 오늘날 젊은이들이 성장해야만 하는 그 관계도 생각나게 한다. 과연 누구나 그리스도인이 될 수 있을까? 이는 이미 시대에 뒤진 삶의 형태가 아닌가? 얼마나 많은 사람들이, 인간적으로 말하면 매우 타당성을 가졌는데, 이런 질문을 하였던가!

그러나 키프리안(Cyprian)은 우리에게 불가능한 것이 하느님의 은총과 거듭남의 성사(聖事)를 통해서 가능하다고 설명한다. 성사가 이루어지는 이곳은 믿는 자들의 함께하는 공동체이며, 믿는 자들은 대안이 되는 삶을 추구하며, 이것이 가능함을 보여 준다. 그래서 우리는 다시 주제가 되는 문화, '상처'를 다룬다. 왜냐하면 키프리안(Cyprian)은 결국 '관습'의 힘, 즉 믿음이 불가능한 것으로 보여 주는 문화에 대해서 말하기 때문이다.

정확히 100년 뒤에 나치안츠의 그레고리(Gregor von Nazianz) (약 390년에 사망)는 다음과 같은 말로 키프리안(Cyprian)의 회심

---

5) Cyprian, Ad Donatum 3 9CSEL 3, 1,5); 여기서 또한 Gnilka을 따르고 있음. Gnilka, a.a.O. 93f.

을 크게 칭찬한다. "그의 방대한 지식은 그의 작품이 증명한다. 그의 작품은 상당히 또한 매우 훌륭하게 우리들의 문제를 다루고 있다. 그는 '하느님의 성품에 감사하며', '모든 것을 창조한' 그리고 '좋은 것으로 변화시킨'(아모스 5,8 LXX) 그분께 감사하였다. 이전에 키프리안(Cyprian)은 그의 배움을 인격의 완성으로 돌렸으며, 그는 자신의 비이성을 이성의 지배하에 굴복시켰다."[6]

그가 다시 세계 문화를 회심이라는 방법, 로고스의 상처를 통해서, 변화시켰기 때문에, 그는 그 문화에서 본질적인 것과 참된 것을 한 수준 높게 '고양시켰다.' 고대 문화라는 뽕나무에 상처를 냄으로써 선조들은 그 문화를 우리에게 온전히 전수하였고, 쓸모없는 가지에서 위대한 열매로 변화시켰다. 이는 바로 오늘날 우리시대의 세속화된 문화의 대결에서 우리에게 주어지는 임무이다 -즉 문화의 복음전파이다.

---

6) Greg. Naz 24,7 (SC 284, 50/52); 비교 Gnilka, a.a.O. 94.

제 2 편
구원자의 모습

4 장
그리스도 —모든 인류의 구원자
그리스도와 그리스도 교회의 유일성과 보편성

주님으로서 예수께 대한 교회의 고백

예수는 주님이시다(Dominus Iesus) —이 말로써 동정녀 마리에게서 난 예수 그리스도의 대희년(禧年)인 2000년에 공표된 교서는 시작된다. 교황청 '신앙교리성성(聖省)'은 이 공표를 통해 상대주의에 휩싸인 세상에서 예수 그리스도와 그의 교회의 '유일성과 구원의 보편성'을 크게 축하하며, 고백하고자 하였다. 이 고백을 강조함으로써 신앙교리성성(聖省)은 초기 교회의 신앙고백까지도 다루었다. 바오로는 1 코린 12, 3에서 이 고백을 성령께서 우리에게 선물한 말씀, 성령의 말씀으로 선포하고 있다. "성령에 힘입지 않고서는 아무도 '예수님은 주님이시다' 할 수 없습니다.(비교 로마 10, 9).

바오로에게 있어 이 신앙고백은 우리가 고안해 내는 것이 아니라,

단지 발견하는, 그리고 모든 보는 것과 아는 것의 내적 근원이 되는 '그분'으로부터 단지 선물로서만 받을 수 있는 진리의 표현이다. 바오로의 신앙고백 형식은 사실 신약에서 그리스도에 대한 신앙고백의 근원으로 여겨지는 고백, 즉 베드로의 신앙고백을 뒤따르는 답습(踏襲)이며, 반복이다. 베드로의 고백은 마르코 복음에 따르면 매우 단순하다. 스승님은 그리스도이십니다.(마르 8,29)

바오로가 신앙고백 형식을 성령의 은사로 보며, 인간의 어떤 해석으로 보지 않았듯이, 예수도 역시 베드로의 고백에 대해, 마태오복음에서 다음과 같이 말하고 있다. "시몬 바르요나야, 너는 행복하다! 살과 피가 아니라 하늘에 계신 내 아버지께서 그것을 너에게 알려 주셨기 때문이다."(마태 16,17) 이 두 가지는 고백에 대한 예언적 특징을 보여 주고 있다. 고백은 인간의 경험이나 어떤 해석 그 이상, 즉 새로운 인간에게 경험과 소유에서 가능한 것이 아니라, 위로부터 은총으로 주어진 인식, 즉 계시(Offenbarung)다.

바오로와 베드로의 신앙고백 형식은 두 가지 점에서 차이가 난다. 베드로의 고백 형식은 예수께로 행하여져 있으며, 기도(Gebet)이다. 반면 바오로의 형식은 교회가 예배에서 하느님 앞에서 말하는 영적인 '믿음고백'(Credo)이다. 그러나 이 고백은 또한 세상 앞에서는 자신의 정체성에 대한 표현이며, 세상 사람에 대해 말해야 되는 핵심이기도 하다. 여기서 두 번째 타이틀이 있다. 그리스도(메시야, 왕)의 타이틀이다. 이 타이틀로 베드로는 -하느님을 통해 알게 되었다- 예수 그리스도의 비밀을 요약하려고 노력하였는데, 그리스도는 다윗의 모습과 연계된 이스라엘의 소망이며, 억압받는 이스라엘을 해방시키며, 그는 다시 새 다윗, 최후의 통치자 왕이 될 것이다. 이

왕에게 시편 2장에서의 한 구절이 들어맞는다. "나에게 말씀하셨다. 너는 내 아들. 내가 오늘 너를 낳았노라.(시편 2,7)

예수는 스스로 왕의 타이틀을 피하였다. 왜냐하면 그는 -이스라엘의 소망의 핵심에 서 있지만- 매우 오해에 쌓여 있기 때문이다. 그래서 마르코복음에서 베드로의 신앙고백이 루카복음에서 다음과 같이 부가되므로 의미가 상당히 명료하게 되었다. "하느님의 그리스도이십니다."(루카 9,20) 그리고 마태오복음에서는 고백형식은 더 확장되었다. "스승님은 살아 계신 하느님의 아드님 그리스도이십니다."(마태 16,16)

바오로에게서 오해받는 개념, 즉 '그리스도'- 메시야-는 '키리오스'(Kyrios)- Herr(주)-로 대체되었다. '키리오스'는 그리스어로 된 구약에서는 더 이상 언급되지 않는 하느님의 이름을 대신하며, 그래서 예수의 하느님과의 동일성, 예수의 진실한 신성(神聖)을 명료하게 표현한다. 구약의 그리스어 번역이 주(Herr)라는 단어로 하느님 이름의 해체를 통해서 성서에 대한 믿음을 오해가 없이 이방세계에로 전하였으며, 그리고 개별적인 이름을 가진 많은 신들에 대해 '믿음의 유일신적 성격'을 비로서 완전하게 빛으로 옮겨 놓은 것이다.1) 그래서 우리는 여기서 동일한 전달 과정을 지켜볼 수 있다. 하느님에 대한

---

1) A. Schmitt는 하느님의 이름을 그리스어 구약판 Septugainta에서 Kyrios(키리오스)-Herr(주)-로 번역이 갖는 우주적인 의미를 짧게 언급하고 있다: "야훼, 작은 민족인 이스라엘의 하느님을 그리스-헬레니즘 세계의 위대한 하느님으로, 진실로 역사와 자연에서 모든 일과 창조의 하느님으로, 키리오스(Kyrios)를 통해 연계한 것은, Septuaginter번역이 갖는 신학적 위대성이다"., in: M.Görg (Hg.), Biblische Notizen Heft 17 성서 메모 책 17(München 2002). Schmitt는 A. Heissmann의 연구도 언급한다; Die Hellenisierung des semitischen Monotheismus 유태인 일신교(一神敎)의 헬레니즘화, in: Neue Jahrbücher f.d. klassische Alterum, Geschichte und deutscher Literatur und für Pädagogik X (Leipzig 1903) 167-177; W. W. Graf Baudissin, Kyrios als Gottesnamen im Judentum und seine Stelle in der Religionsgeschichte 유태교 하느님의 이름으로서 키리오스(Kyrios)와 종교역사에서의 위치(Giessen 1928-1929, 4. Bd.).

개념을 명확히 설명함으로써 구약의 그리스어판이 신에 대한 설명에서 이룬 발전은 이제는 그리스도론(Christologie)에서도 이루어진다. 이는 그리스도로서 예수의 지칭이 무엇을 의미하는지를 설명하는 것이다. 즉 예수는 주(Herr)이며, 스스로 하느님의 하느님이며, 그리고 단지 신으로부터 호혜를 덧입은 단순한 인간이 아니다.2)

'역사적 예수'의 모습과 그의 지배

가이사리아 필립비지역에서 베드로의 고백에 대한 공관복음의 기록은 그리스도교적 신앙고백과 우리의 현재와의 연계성을 찾으며, 그러므로 그리스도교인들에 주어진 것으로 보이는 계약(Auftrag)을 설명하는 데 도움을 준다. 공관복음의 설명에 따르면 예수는 먼저 제자들에게 '사람들이' 나를 누구라 하는가 그 첫 질문을 하였다. 대답은 다음과 같았다. "세례자 요한이라고 합니다. 그러나 어떤 이들은 엘리야라 하고, 또 어떤 이들은 예레미야나 예언자 가운데 한 분이라고 합니다."(마태 16,14) 이러한 사람들의 견해는 예수의 현상에 대해 자신들의 나름대로의 해석이며, 이는 베드로가 제자들을 대표하여 대답을 한 신앙고백과 대조를 이룬다.

'사람들'은 오늘날도 당시와 별반 차이가 없이 같은 생각을 갖고 있으며, 거기다 우리 자신들의 생각만을 고려하는 한, 우리도 모두 '그러한 사람들'이다. 예를 들어서 칼 야스퍼스(Karl Jaspers)는 예

---

2) 초기 그리스도에 대한 신앙고백은 H. Schiller의 주요한 책에 의존한다; Die Afänge des christologischen Credo 그리스도 고백의 기원, in: H. Welte (Hg.), Zur Frühgeschichte der Christologie 그리스도론의 선사(Freiburg 1970) 13-58.

수를 소크라테스, 석가, 그리고 공자 옆에 세우며 네 명의 '성자'(聖者) 중의 하나로 보았다.3) 사람들이 자신들의 생각을 가지고 예수를 만들어 냈다는 견해는 비판적 성경해석이 시도한 '역사적 예수'(the historical Jesus)에서 발견된다. 라이마루스(Reimarus 1694-1768) 이후부터 비판적 해석 방식은 역사적 예수를 주장하고 있다.

20세기 초반에 일찍이 알베르트 슈바이처가 이미 다음과 같이 말하였다. "예수의 생애에 대한 연구의 결과보다 더 부정적인 것은 없다. 예수의 본질에 관련되어 지속하여 남은 것과 영원한 것을 이미 형성된 역사 형태에서부터 분리하여 떼어 내려고 하는 역사는 존재하지 않았다."4) 그러나 그의 비판은 더 깊게 발전되지 못하였고, 슈바이처 이후에 역사적 예수를 구성하는 것은 더 지속되었으며, 그리고 역사적인 방법만이 아니라 다만 믿음으로만 알 수 있는 '산 형태'(lebendige Gestalt- living figure)의 자리를 밀어냈다. 여기서 믿음은 역사를 옆으로 제쳐 놓는 것이 아니라, 역사를 완전하게 이해할 수 있도록 하기 위해 역사의 눈을 여는 것이다.

오늘날 우리 시대의 특징에 속하는 학문에의 신뢰로 인하여 이전이나 지금에도 역사적 예수의 '변화하는 이미지'(die wechselnden Bilder)는 '사람들'의 의견을 형성한다. 동시에 "이성은 자율적이다"라고 무조건적이며 절대적인 주장을 들어 '믿음에로의 길'(der Zugang zum Glauben)을 가로막는다. 학문적으로 신뢰하는 바그너(Wagner)에 대한 괴테 파우스트의 이의제기는 역사적 예수 모습의 재구축에도 해당된다는 것은 쉽게 이해할 수 있다.

---

3) K. Jaspers, Die grossen Philosphen 위대한 철학자 (München 1957) 186-228.
4) 인용 W.G. Kümmel, Das Neue Testament: Geschichte der Erforschung seiner Probleme 신약: 역사연구와 문제들 (Freiburg/München 1958) 305ff.

> 당신이 '시대의 정신'이라 일컫는 것은
> 실제로 바로 이 사람의 정신이며,
> 이 정신 속에서 시대는 투영되어 있다.

예를 들어 20세기 초에 자유신학의 예수 모습이 나타났으며, 하르낙(Harnack)은 이를 그의 '그리스도교의 본질'(das Wesen des Christentums)에 매우 인상 깊게 그리고 있다. 하르낙은 본질적으로 예수가 숭배의 자리에 도덕을 앉혔고, 공동체의 자리를 개인으로 대치하였다고 보고 있다. 예수는 본질에서 개인주의자이며 도덕주의자라는 것이다. "예수는 항상 개인만을 염두에 두었고, 사랑에서 마음의 일관된 신념을 가졌다."[5] "복음은 우리가 이전의 강의에서 언급한 바와 같은 주요 특성에서 더 이상 다른 특징은 갖고 있지 않으며, 그리고 어떤 외부의 낯설은 것이 이에 침투해서는 안 된다. 하느님과 영혼, 영혼과 영혼의 하느님이 전부다."[6]

반세기 후에 불트만(Bultmann)의 '실존주의 예수'가 시대정신을 주도하였다. 주목할 만한 공허와, 동시에 예수 그림에 표현된 열정적 신앙심을 묘사하는 데는 단 하나의 인용으로도 충분할 것이다.

> 이러한 의미에서 하느님에 대한 예수 생각은 탈역사화(entgeschichtlich)되어 있다. 그리고 이런 하느님의 관점에서 보여지는 인간도 탈역사화되었다. 즉 하느님과 인간의 관계는 세계 역사에의 어떤 관계로부터 벗어나 있다. 예수에게. 인간은 인간에 직접적으로 관심을 가지며, 세상의 모든 보호와 안전을 걷어내며, 그리고 마지막 끝(das End)에 세우는 하

---

5) A. v. Harnack, Das Wesen des Christentums 그리스도교의 본질(Stuttgart 1950) 67.
6) Ebd. 8

느님에 의해서 탈세속화(entweltlicht)되어진다. 그리고 하느님도 그 행동이 종말론적 행동으로 이해되어 짐으로써 탈세속화되었다. 하느님은 인간을 세상적인 관계로 부터 빼어내어, 직접 자신의 눈앞에 두고 돌본다.7)

"몰트만(Moltmann)의 '희망의 신학'(Theologie der Hoffnung 1966)은 예수의 새 모습을 소개하며, 이 새 모습은 전적으로 미래와 약속을 지향한다. 그러므로 그리스도에 관한 지식은 그리스도의 미래, 즉 그리스도가 무엇이 될 것인가에 대해 예측하는, 임시적인, 그리고 토막토막적인 지식으로 된다."8) 몰트만의 신학적 저서에서 중요하게 계획되어진 것은 마르크스주의의 예수로, 정치와 사회의 해방을 위해 죽는 혁명자로 변질된다. 예수는 바라빠(Barabbas) 또는 바 코바(Bar Kochba)로 바뀌어 오해된다.9) 그러는 동안 예수를 뉴 에이지(New Age)사상에 결부시키며, 이로 부터 예수의 모습을 새롭게 만들어 내려는 또 다른 시도가 있었다.

그러나 어떻게 이런 예수 모습들이 생겨나는가? 예수 모습은 두 가지 요소로 구성된다. 한 요소는 역사비판주의(historical criticism)의 방법으로 복음서 내용을 분석하는 것이다. 역사비판은 상당한 영향력을 갖는 철학적 전제를 갖고 있다. 즉 역사는 근본적으로 항시 동일하며, 그래서 인간 활동과 또한 인간에게 알려진 자연의 원인으로서 가능한 것 외에는 아무것도 역사에서 일어나지 않는다고 전제하고 있다. 이로부터의 이탈, 예를 들어 자연과 인간의 실제적 상호

---

7) R. Bultumann, Theologie des Neuen Testaments 신약의 신학 (Tübingen 1958 3판) 25f.
8) J. Moltman, Theologie der Hoffnung 희망의 신학(München 1996) 184.
9) 이에 대해서는 본 책의 5장 그리스도를 바라봄을 참조.

행동의 범위를 넘어서는 신(神)의 간섭은 따라서 역사가 될 수 없다. 역사가는 어떻게 이런 행위·일들이 일어나게 되었는가 원인을 '설명'하여만 한다.

역사가는 시대의 '관념구조'(Vorstellungsgefüge)와 문학적 형식에서부터 어떻게 그런 견해가 형성될 수 있었으며, 이런 견해가 어떻게 합리적 원인을 갖고 있는가를 이해가 되게끔 설명해야 한다. 따라서 이런 설명은 비판 후에 이해가 가능케 되며, 그리고 설명하는 실제 내용도 드러난다. 이런 가정에 따라 인간이 실제로 신이 되며, 그리고 신적인 능력을 요하는 '보편적 원인관계'(Ursachenzusammenhang)를 파괴하는 행위를 완전히 수행하는(vollbringen)은 불가능하다. 따라서 예수는 신적인 주장과 이에 상응하는 행위를 선언하는데, 따라서 그에 부가된 단어들은 '설명'되어져야 한다. 우리는 질문에 대한 설명들이 어떻게 발전되어질 수 있는가를, 그리고 설명들이 역사적 핵심에까지 거슬러 올라갈 수 있는지를 보여 주어야 한다.

이러한 노력의 결과로 근원가정(source-hypotheses) 체계와 역사의 재구성 편집이 생겨났다. 그러나 이는 추구하는 학문성으로 인하여 특별히 인상적이지만, 자신의 모순으로 인하여 의문시되어진다. 그러는 사이 '학자'(scholars)들이 오늘날 예수의 모습에서 단순히 인간적인 것을 초월하는 모든 것은 역사적으로 '설명 가능'하며, 그리고 실제로 이것들이 역사적인 것이 아니라고 단언하는 확신은 대중의 의식에 인상 깊게 각인되어 있으며, 심지어 모든 교회의 단체에까지 깊숙이 파고들었다.

역사적 예수의 모습에 이 첫 번째 요소 -철학적 암시를 가진 역사적 방법- 가 두 번째 요소와 결합되었다. 내용 분석은 예수를 과거로 밀어 넣는다. 출처비판주의(source criticism)에서 보는 예수는 우리와 함께 이야기하지 않으며, 우리에게 아무것도 말해 주지 않는다. 그러나 예수를 현재성을 갖는 모습으로 또한 추구되기 때문에, 두 번째 논리 과정에 한 시대의 아이디어와 이상(理想)이 예수 모습과 연결되어진다. 이 필요성은 물론 역사적 분석의 하위단위에 분류할 수 없다. 이는 내적 일에 주목할 만하게 작용하며, 실제로는 겉으로 매우 순수하게 보이는 역사적 과정에서 두 번째의 철학적 전제이다.

예수의 말에 대한 진실 또는 거짓의 설명, 전개 과정의 결정, 그리고 문학적 형태(der literarische Form)의 판단은 본질적으로 예수의 모습에 어떤 모습이 '현재화하는 능력'(vergegenwärtigunsfähig)으로 생생하게 그려져 나타나는가에 달려 있다. 예를 들어, 혁명적 예수, '해방신학'의 예수의 이념을 출발점으로 보면, 전체 내용은 지엽적인 것으로 된다. 그러면 그 다른 요소들이 갑자기 중심에 서며, 상실된 출처를 제시하는 것처럼 보이며, 남은 구절의 새로운 해석을 요구한다. 예수가 될 수 없는 일(하느님의 아들), 그리고 그가 원래 되어야만 하는 것에 대한 이미 가정된 생각(Idee)은 스스로 해석의 수단이 되며, 궁극적으로 '실제에서 철학적 가정들의 결과인 것'을 엄격한 역사를 통한 결과인 것처럼 보이게 만든다.

이제 역사 비판의 원리로서 '효율적인 원인의 평등'에의 가정은 일반적으로 완전히 정당화되었다. 과거 기적에 대한 설명뿐만 아니라, 성인에 대한 중세의 전설들은 이런 방식으로 그 근원의 핵심도 다루며, 역사적 사건에의 실제적 모습이 그러므로 발전되어 왔다. 그러나 세계 역사와 관련하여 완전히 다른 자의 개입에 대한 보고는 일반적으로 정당화되어도 비판적으로 다루어져야 하며, 그리고 완전히 다른 자 -하느님- 우리의 보통의 경험을 뛰어넘는 하느님의 배제로 궁극적으로 이어진다면, 매우 치명적이며 위험하게 된다. 그러나 바로 이것이 정확히 우리가 놓여 있는 상황이다. 우리의 학문이라는 상표는 하느님이 세상에 접근하는 것을 금한다.

자연과학의 영역에서 모노(J. Monod)가 이 원리를 극적으로 묘사하였다. 학문하는 방법의 기본원리는 자연은 객관적이라고 자명하게 여기는 가설이다. 다른 말로 표현하면 이는 '참지식'으로 이끈다는 모든 언급을 체계적으로 부인하는 것을 의미한다. 즉 '프로젝트'를 통해 설명하는 것이다. 그가 이런 방식으로 정의한 객관성에 대한 요구에 관해 그는 다음과 같이 말한다.

> 객관성의 가설은 한 순수한, 영원히 증명할 수 없는 가설이다. 왜냐하면 이것은 목적의 본질상 존재하지 않는 '무존재'(Nicht-Existenz)를 증명할 수 있는 실험을 생각하는 것은 불가능하다. 객관성은 그럼에도 불구하고 우리를 살아 있는 생물 존재의 목적론적(teleonomic) 성격을 인정하도록, 그들의 구조와 그리고 형태에서 그들은 인식하며, 목적을 추구한다는 것을 인정하도록 강제한다. 그러므로 여기에, 적어도 외관상으로 심오한, 그리고 지식 이론적 모순이 놓여 있다.10)

모노(Monod)는 자연 영역에서 살아 있는 자연의 전체 콘서트(concert)는 '방해하는 소음'(störende Geräusche)에서 나온다는 명제를 통해서 이 모순을 해결하려고 노력하였다.11) 모노(Monod)는 증명할

---

10) J. Monod, Zufall und Notwendigkeit 우연과 필요성 (München 1973, 원전 불어 La Chance et la nécessité, Paris 1970) 30.

수 없는 「무존재」(Nicht-Existenz)가설을 따르면서, 그는 이 의미 없는 테제를 받아들였다. 그는 무존재의 가설을 과학적 질문의 기초로 여긴다.

역사에서 이 모순이 그렇게 명백하지 않아 보인다. 그러나 예수 모습의 문제에서도 정확히 '객관성원리'를 적용하고자 한다면, 즉 역사에서 신의 행동에 대한 어떤 가능성을 완전히 배제하려 들면 실제로 비슷한 모순에 이른다. 역사 예수의 모순적 모습은 역사의 영역에서 '자신의 한계를 넘도록 강제하는 객관성 원리'의 주관적 표현이다. 왜냐하면 이 경우에 있어서도 신약성서가 우리에게 보여 주며, 그리고 수세기의 믿음 속에서 인류를 위한 빛을 비추는 길로 되어진 것처럼, 바로 예수의 비밀을 만들어 낸 것은 다름 아니라 '방해하는 소음'(störende Geräusche), 기회적 발전, 그리고 조화이다.

'객관성 원리'가 제한되지 않고 타당성을 가지며, 역사에서 하느님과 나타난 현상들과 관련 있는 모든 것은 사물의 경험과 느낌으로 격하되어진다. 이 경우에 있어 모든 것이 '주관적인 것'(Subjektiven)이며, 따라서 여기서 어떤 유형의 실제가 '주관성'에 나타났는가에 대한 질문은 답을 할 수 없다. 그러면 예수는 하느님이 될 수 없다. 그는 특별히 '하느님 경험'(Gotteserfahrung)을 한 것이다. 왜냐하면 이러한 가정하에 세상에 하느님의 실제 행동이 없으며, 그리고 결과적으로 하느님의 의사소통(communication)도 또한 올바른 의미에서 '계시'도 없다.

그러면 남아 있는 모든 것은 단지(주관적인) 종교적으로 특히 민

---

11) Ebd. 149.

감한 사람들의 경험, 수수께끼, 그리고 단편적 실제의 반영(反影)이다. 이 실제를 우리가 붙잡고자 하지만, 이는 아마도 실제가 될 수 없다. 빛들(lights)은 있으나 참빛(Light)은 없다. 말들(words)은 있으나 말씀(Word)은 없다. 이 경우에 종교적 상대주의는 피할 수 없다. 그러면 사람들은 -그리스도교세계 밖에서 이미 종종 일어나는 것처럼- 예수는 위대한 종교적 인물로, 깨달은 자 그리고 중생에 빛을 비추는 자로 인정하게 된다. 그러나 그런 사람의 경험은 단편적이며, 이것 외에 또 다른 경험, 다른 깨달음(Erleuchtungen)이 존재한다. 우리는 이 경험과 진리를 결코 하나로 묶을 수 없으며, 이들은 궁극에 가서는 하여간 균등하게 되며, 아마도 서로 보완되어 갈 것이다.

이제 사람이 할 수 있는 유일한 한 가지는, 이런 모든 경험으로부터 특별한 개인에 가정 접근 가능하며 유용한 한 가지를 찾아내는 것이다. 주관성과 그리고 아마도 결과의 고려가 종교 문제에서 최종적 권위를 구성한다. 예수를 유일한, 그리고 우주적인 구원의 근원자로서 받아들이는 것은 그렇다면 순수한 자만심이다.

믿음과 제자도 -실제 예수에의 접근으로서

예수, 실제 예수(Real Jesus)를 찾는 데서 근원적인 문제는 하느님의 문제, 좀더 정확히 표현하자면 우리가 사는 세상에서의 하느님이 존재하지 않음, 하느님의 부재, 메츠(J.B. Metz)가 말한 '하느님의 위기'(Gotteskrise)이다. 우리가 만약에 이 위기로부터 자유롭지 못하면 우리는 또한 예수를 볼 수 없다. 예수는 요한복음(6,44)에서 아버지께서 이끌지 아니하면 아무라도 내게 올 수 없다고 말하였다. 오늘날 이 신학적 선언은 경험적으로 일정 수준에까지 증명되어질 수 있다. 예수가 우리에게 하느님을 보여 주듯이, 우리가 하느님 아버지를 알게 되면, 하느님의 말씀은 갑자기 매우 다른 빛으로서 비추며, 그리고 모든 하느님 말씀이 의미가 있으며 믿을 수 있게 된다. 그러면 아들이 우리를 아버지에게로 이끈 것과 똑같이, 아버지가 우리를 아들에게로 인도한다.

매우 진지하게 우리는 다시 질문을 하여야 한다. 하느님이 존재하는가, 그리고 그가 바로, 다시 말해, 세상에서 행동하며, 우리를 자신과의 관계를 맺도록 하는 능력이 있는 바로 그 살아 계신 하느님인가? "나의 아버지는 오늘날까지도 일하신다"고 예수는 요한복음에서 말하였다.(요한 5, 17) 그러므로 이는 자연신교(이신론)의 하느님의 관념에 반대하며, 따라서 이에 따르면 하느님은 우주 대폭발(빅뱅-Bing Bang) 후에 철수하였으며, 더 이상 활동하지 않는다.

바로 질문의 핵심은 다름 아니라 "행동하는 하느님이 존재하는가, 아닌가?"이다. 하느님이 하느님인가, 아니면 그 하느님이 아닌가? 모노(Mondo)는 객관성 원리가 모든 학문의 원리이지만, 이는 스스로 규명할 수는 없다고 말하였다. 그래서 마찬가지로 "신이 실제로 존재하는가, 아닌가"에 대한 질문도 궁극적으로 분석을 통해 증명될 수 없다. 모노(Mondo)는 자신의 학문적 업적과 결과들로 이 객관성 원리를 정당화하였다. 이와 비슷하게 하느님을 믿는 결정에도 마찬가지다. 하느님을 선택하는 결정은 궁극적으로 이성을 찬성하는 결정, 그리고 선과 악, 진실과 거짓이 단순한 주관적 나열(카테고리)에 불과한지, 아니면 실제(reality)인가에 관한 결정이다. 이런 의미에 태초에 믿음이 있었다. 그러나 이는 이성의 가치와 넓음을 최초로 인정하는 믿음이다.

사유와 존재는 인간에 대한 최종적인 질문에서 더 이상 구별하여 나눌 수 없다. 하느님을 택하는 결정은 동시에 사유적 그리고 존재적 결정이다. -이 각각은 서로를 보완한다. 아우구스티노는 이런 관계를 자신의 고백론에서 매우 극적으로 묘사하였다. 그는 완전히 물질 지향적, 잘못 인도된 생활방식(Lebensform)에 관하여 말한다. 이는 습관화된 방식이며, 이 습관은 강제와 그리고 궁극에서는 족쇄가 된다. 실제로 이 습관들은 마음을 눈멀게 한다. 그는 속박에서 벗어나며, 하느님, 행동하는 하느님에로의 길을 명확히 하려는 시도에 대해서 말한다. 그리고 그는 이것을 꿈을 꾸고 있는 사람들, 이 꿈속에 갇혀 있어, 깨어 일어나며, 속박에서 벗어나려 해도 다시금 계속해서 꿈의 세계로 빠져 가라앉는 사람들의 상황과 비교한다. 그는 그가 어떻게 자신이 자신의 목적 뒤에 숨었는가를, 그리고 하느님이 어떻게 자신을 친구의 말로써 숨은 곳에서 이끌어 냈는지를, 그러므로 그가 스스로 자신을 되돌아보아야만 했던 것들에 대해 말한다.12)

새 지식에는 우리의 닫힌 지평선을 다시금 열어 주는 변화된 삶이 수반된다. 그러므로 옛 교회는 '믿음으로의 전환과정'을 긍정적으로 '지적여행'으로 간주하였지만, 여기 여행에서 인간은 '진리의 가르침'과 그 주장에 직면하게 된다. 그러나 그는 새로운 생활공동체(Lebensgemeinschaft)를 얻으며, 새로운 경험과 내적인 진전을 하게 된다.

경건주의의 새로운 형태가 우리 시대에 매우 절실히 필요하다. 하

---

12) 비교. Confessiones 고백록 VIII 5, 12 und VIII 7, 16

느님과 그리스도로 향하는 지식의 길은 '생명의 길'이다. 성경적으로 표현한다면, 그리스도를 알기 위해서는 그를 따르는 제자도(Nachfolge)가 필요하다. 그렇게 할 때 그리스도가 거하는 곳을 경험하게 된다. "어디에 묵고 계십니까?"(당신은 누구십니까?)의 질문에 대해 예수는 항상 같은 대답을 한다. "와서 보아라."(요한 1, 38-39) 제자들은 예수에 대한 질문에 '사람들'이 일반적으로 할 수 있는 대답과는 다르게 대답을 할 수가 있었다. 왜냐하면 그들은 그와 공동생활 가운데 살았기 때문이다. 오직 이런 방식에서 우리는 -플라톤의 말을 빌리자면- 우리가 세상으로 여기는, 그러나 그것이 실제로 세상의 제한된 일부인 '동굴'에서부터 나올 수 있다.13)

"아무도 하느님을 본 적이 없다. 아버지와 가장 가까우신 외아드님 하느님이신 그분께서 알려 주셨다"고 요한복음은 말한다.(요한 1, 18) 실제로 어느 누구도 하느님을 보지 못하였다. 종교 역사에서 위대한 깨달은 자들의 비전은 먼 아득한 비전으로, 여전히 '그늘과 이미지' 속에 머물러 있다. 오직 하느님만이 자신을 완전히 아신다. 하느님만이 하느님을 본다. 그러므로 하느님인, 그 유일한 사람만이 그에 대한 소식을 전하며, 그리고 모순되는 비전들을 통틀어 통합할 수 있다. -이는 물론 인간 언어로 말하여지는 것들이 아주 멀리에서 "우리가 깊이 헤아릴 수 없는, 우리의 눈을 멀게 하는 하느님 진리의 빛의 영광"을 재조명하여 보여 준다고 할지라도 그렇다. 그러나 하느님의 품안에 있는 그 아들에 의해서 말하여진 것과 깨달은 자의 먼 비전 간에 차이는 엄청나며, 본질적으로 다르다. 오직 그분

---

13) 비교. Platon, Politeia 공화국 VII 514a-518d.

(HE)만이 하느님이며, 그 외 모든 것들은 단지 멀리에서 하느님을 더듬는 것이다. 오직 그분만이 말할 수 있다. "나는 길이요, 진리요 생명이다." 그리고 그 외 모든 자들은 진리 길의 일부 조각들을 보여 줄지 모르나, 그들은 길이 아니다.

무엇보다 예수 그리스도 안에 하느님과 인간, 무한자(無限者)와 유한자(有限者), 창조자와 피조물이 함께 속해 있다. 사람은 하느님에서 자리·공간(place)을 갖는다. 그리스도만이 창조자와 피조물 간에 놓여 있는 무한의 거리를 극복할 수 있다. 인간이면서 동시에 하느님인 예수만이 이곳에서 저곳으로 인도하는 '존재의 다리'(Brücke des Seins)이다. 그래서 그는 일부 사람만을 위한 것이 아니라, 전 인류를 위해 존재한다. 진리가 모두에게 하나인 것처럼, 하느님만이 유일한 분으로 "자신에서 자신으로, 그리고 또한 자신에서 사람으로, 다시 하느님으로" 이끄는 다리가 된다. 육신이 된 아들로서.

선교의 권리[14]

이제 그러나 다시 한 번 매우 중요한 질문이 제기된다. 자신의 종교에서 진리를 발견하였다고 주장하는 것은 더욱 말할 것도 없고, 종교의 문제에서 진리에 관하여 말하는 것은 염치없이 뻔뻔한 것이 아닌가? 그 진리는 다름 아니라 다른 종교에서 진리의 깨달음을 해치지 않으나, 다만 그 부서진 조각들을 하나로 일치시킨다는 진리이다.

진리를 '소유'(haben)하고 있음을 믿고 있는 사람들을 단면적이며,

---

14) 이하 글은 나의 책 "Glaube-Wahrheit-Toleranz" 믿음-진리- 관용(Freiburg 2003)에 의존하였다.

동시에 교만하다고 가하는 비판은 오늘날 절대적으로 통하고 있다. 진리 소유를 주장하는 사람들은 생각컨대 대화의 능력이 없으며, 그리고 궁극적으로 신중하게 대해 줄 수 없다. 왜냐하면 어느 누구도 진리를 '소유'하고 있지 않다. 우리 모두는 여전히 진리를 찾고 있다고 말할 수 있을 뿐이다. 이에 대해 우리는 질문해야 한다. 그러나 결코 도달할 수 없는 이것은 도대체 어떤 유형의 찾음(suche)인가? 정말로 진리를 찾기는 찾는 것인가, 아니면 찾고자 하는 진리가 전혀 존재하지 않기 때문에 진리를 찾지 못하는 것인가? 그리고 진리를 '소유'하고 있다고 믿는 것으로 여겨지는 사람들에 대한 생각은 실제로 풍자라고 말해도 좋을 정도까지 왜곡된 것은 아닌가?

물론 진리는 소유물이 아니다. 진리와 나의 관계는 내 자신이 진리를 위험하게 할 수 있다는 자각 속에서 항상 겸손한 수용(acceptance)이 되어야 한다. 진리는 내가 받을 자격이 없으며, 내 자신의 것인 양 자랑하지 않는 선물로서 받아들여야 한다. 만약에 진리가 나에게 주어지면, 이는 마찬가지로 내가 다른 사람을 섬겨야 하는 책임성도 따라온다. 그 외 우리 믿음은 "우리에게 알려져 있는 것 그리고 진리 자체 간의 차이"는 항상 유사하기보다 무한정으로 컸다는 것을 말한다.(라테란 공의회 IV, DS 806) 그러나 이 무한의 불일치·비유사성이 지식을 무로, 진리를 거짓으로 바꾸지는 않는다. 우리는 가정(假定)에 대한 이 문제는 다르게 각도에서 보아야 될 것으로 보인다. 하느님이 우리에게 진리를 은혜로 줄 수 없다고 말하는 것은 가정이 아닌가? 그가 우리의 눈을 띄울 수 없다는가? 우리는 이미 앞을 못 보는 맹인으로 태어났으며, 진리는 우리의 관심사가 아니다라고 말하는 것은 하느님에 대한 경멸이 아닌가? 우리 인류는 영원히 어둠 속에서 더듬어서만 자신을 알아가고 있다고 주장하는 것은, 인간에 대한 그리고 하느님을 찾는 인간을 깎아 내리는 것은 아닌가? 게다가 계속하여서 우리가 하느님 자리를 차지하며, 그리고 우리가 누구인가, 우리가 무엇을 할 것인가, 그리고 이로써 우리와 세상으로부터 우리가 바라는 것을 스스로 결정하기를 원하는, 이런 실제적 가정이 연이어서 계속 생겨난다.

그 외에 지식(Erkentnis)과 찾음(Suche)은 서로 배제하지 않는다. 아우구스티노뿐만 아니라 닛사의 그레고리(Gregor von Nyssa)의 저서에 훌륭한 글들이 있다. 하느님의 위대함의 무한성을 발견해 내며, 모든 발견은 깊은 찾음을 더욱 촉진하며, 그리고 하느님의 얼굴을 찾는 것이 우리의 영원한 기쁨이다. 항상 새로운 그리고 즐거운 발견에서, 무한정 걸어가는, 그러므로 행복에 대한 우리의 갈증에 대한 대답으로 영원한 사랑의 모험을 하게 된다.

물론 비그리스도인에게 예수는 단순히 위대한 깨달은 자가 아니라, 그 아들, 모든 중생과 그리고 모든 단어들이 근원하는 말씀 자체라는 것이 가정(假定)으로 보일지 모른다. 우리에게 무엇보다 더 긴박하게 필요한 것은 우리가 그런 지식을 우리의 성취로 보지 않으며, 그 대신에 우리가 말씀과의 만남이 은혜라는 진리에 충실히 하는 것이다. 이럼으로써 우리는 우리가 값없이 받은 것처럼 이 선물을 다시 다른 사람에게 건네줄 수 있다. 하느님은 모든 사람을 위한, 모든 사람의 '서로서로'를 위해 겸비된 결정을 하였다. 그리고 우리는 다만 겸손 가운데서 우리자신을 선언하는 것이 아니라, 오히려 경외심을 가지고 우리가 만든 것이 아닌, 하느님으로부터 받은 것에 관하여 말하는 보잘것없는 전달자로 발견할 수 있다.

오직 이런 방식에서만이 선교사명이 이해될 수 있다. 선교사명은 영적인 식민지주의, 내 문화와 내 생각에 다른 사람을 굴종시키는 것을 의미할 수 없다. 사명에 대한 모델은 사도와 그리고 초기 교회의 길에서, 특히 예수의 제자들을 보내는 말에서 분명하게 규정되어 있다. 사명은 무엇보다 순교의 자세, 진리를 위해서 그리고 다른 사람을 위해서 자기 목숨을 내놓을 수 있는 마음자세를 요구한다. 이러할 때에만 사명은 신뢰와 믿음을 얻는다. 이것이 바로 늘 선교사명의 상황이었으며, 앞으로도 그러할 것이다. 그리고 이러할 때에만 '진리의 수위(首位)'(primacy of the truth)가 세워진다. 왜냐하면 그러할 때 에만 가정(假定)에 대한 생각이 내부 안으로부터 또한 극복되어지기 때문이다.

진리는 진리 자신 외에 다른 무기를 가질 수도 없고, 가져서도 안 된다. 믿는 사람은 진리에서 진주를 발견하였다. 이 사람은 바로 이 진주를 위해서 다른 모든 것, 심지어 자신의 목숨까지도 내어줄 준비가 되어 있다. 왜냐하면 그는 자신의 목숨을 잃는 데서 자신을 찾으며, 썩는 한 알의 밀알만이 많은 열매를 맺는 진리를 알기 때문이다. 믿는 사람은, 그리고 "우리는 사랑을 발견하였다"고 말하는 사람은 받은 선물을 다시 전달하여야 한다. 그는 이렇게 함으로써 다른 사람에 폭력을 행하지 않으며, 누구의 정체성도 파괴하지 않으며, 문화를 훼손시키지 않으며, 오리혀 사람들을 자유롭게 하여 그 자신들의 위대한 잠재성을 알도록 하게 하는 것을 안다. 그는 하나의 책임만이 충분하다는 것을 안다. "나로서는 어찌할 수 없는 의무이기 때문입니다. 내가 복음을 선포하지 않는다면 나는 참으로 불행할 것입니다."(1코린 9,16)

바오로 훨씬 이전에 비슷한 경험을 한 예레미야는 이미 이와 비슷한 말을 하였다.

> 주님의 말씀이 저에게 날마다 치욕과 비웃음거리만 되었습니다. '그분을 기억하지 않고 더 이상 그분의 이름으로 말하지 않으리라' 작정하여도 뼛속에 가두어 둔 주님 말씀이 심장 속에서 불처럼 타오르니 제가 그것을 간직하기에 지쳐 더 이상 견뎌 내지 못하겠습니다.(예레 20, 8-9)

우리가 여기서 이런 시각에서 두려움이 많은 한 종을 궁극적으로 이해하여야만 할 것으로 보인다. 이 종은 다른 종들과 같이 돈을 투자함으로써 이윤을 얻도록 하는 대신에, 아마도 그 돈을 모두 돌려줄 수 없다고 두려워한 나머지, 주인의 돈을 숨겼다. 우리에 주어진 재능(달란트, talent), 진리의 보배는 숨겨져서는 안 된다. 재능은 오히려 대담하고 용기 있게 쓰여져서, 재능이 발휘되고(비유를 바꾸면), 효소와 같이 인류로 파고 들어가며, 인류를 변화시키도록 하여야 한다.

오늘날 서구에 있는 우리는 보물을 묻어 두는 데 바쁘다. 이는 역사의 혼란스러운 시기에 이를 투자하는 데 오는 두려움으로, 아마도 무엇인가 잃게 된다는(이는 단순히 믿음 없음이다) 두려움과, 그리고 역시 게으름에서이다.

우리는 보물에 의해서 우리 자신이 계발되지 않기를 원하기 때문에 보물을 묻는다. 또는 우리가 책임의 부담감 없이 방해받지 않고, 우리 자신의 삶을 지속하기를 바라기 때문이다. 그러나 하느님이 준 지식의 은혜, 예수의 마음에서 우리를 바라보는 하느님의 사랑의 선물은 우리를 몰아내는데, 이는 땅 끝들이 모두 하느님의 구원을 보도록 함이다.(이사 52,10; 시편 98,3)

종교와 지성사에서 그리스도에 대한 믿음의 위치

우리가 제기해야 될 또 하나의 질문이 있다. '육신이 된 말씀'은 아무것도 모르고 있는 세상에 단순히 들어간 것이 아니다. 그는 자신에 앞서 세상에 참빛을 내보냈고 인간의 동경을 일깨웠다.(요한 1,9) 그는 세상 안으로 들어와, 모든 사람을 비추는 바로 빛이다. 이와 관련하여 교부(敎父)들은 그리스도교 이전의 세계에서 찾았으며, 그리고 발견한 '말씀의 씨들'(seeds of Word)에 관해서 언급하였다.

오늘날 이 개념은 그리스도교 믿음과 세계 종교들 간의 올바른 관계를 규정하는 문제에서 정확히 중심적 개념이 되었다. 만약에 누군가 그러나 이 개념을 좀더 세세하게 조사한다면 -내가 알고 있는 한- 모든 관련된 연구에서 거의 제외되는 어떤 '기대하지 않은 것'에 직면하게 된다. 교부들은 세상의 종교들에서가 아니라, 오히려 철학에서 발견하였다. 즉 종교의 역사에서가 아니라 "종교에 대한 비판적 이성의 과정"에서, "앞장서 걸어가는 이성의 역사"에서 이 '말씀의 씨'들을 찾았다.15) 여기서 교부들은 그리스도교 자신의 선사·전사(前史)를 보았다. -이 역사에서 인간은 보통의 관습과 전통을 타파하고 나와 로고스에 다다르며, 즉 이성의 힘을 통해 세상과 '신성'(神性)을 이해한다. 이런 의미에서 교부들은 그리스도교를 전적으로 종교 영역에 한정하려고 하지 않았으며, 이를 또한 많은 종교 중의 하나로 간주하지 않았다. 오히려 그들은 그리스도교를 이성과 분별의 과정을 연결하여 분류하였다.

---

15) 비교. 주 14에서 언급된 나의 책과 다음 책; M. Fiedrowicz, Apologie in frühen Christemtum 초기 그리스도교에서 변명(Paderborn 2000, 2nd. ed.)

그러므로 우리가 오늘날 수많은 현상들, 그리고 무엇보다 그리스도교를 명명하는 일반적 '종교'(Religion) 개념은 근대의 시기를 지나면서 비로소 형성된 것이며, 그리고 종교 개념은 이미 자신 속에서 문제시되고 있는 선결정(Vorentscheindung)을 내포하고 있는 것들을 '일반화'(Verallgemeinerung)하는 표현으로도 쓰였음도 알아야 한다.16) 만약에 이런 사실을 간과한다면, 인류의 지성사에서 그리스도교 믿음과 그 특별한 위치의 유일성에 대한 접근 방법은 없다. 이성은 진리를 탐구함에 종교에 비판적이다. 그러나 그리스도교는 본 근원에서부터 진리를 찾는 종교 비판적 이성의 편에 섰으며, 이성에 의해 많은 도움을 받았음을 알고 있다.

물론 그리스도교가 자신을 진정한 철학으로 묘사한 것은 초기 교회의 기본적 요소 중의 하나이지만, 그리스도교가 종교에 대비해 자신을 철학으로서 분류한다고 말하는 것은 아니다. 칼 바르트(Karl Barth)가 그러나 그리스도교는 종교와 전혀 관계가 없다고 주장하는 것은, 그가 오류에 빠진 것이다. 그래서 그에 따르는 유행은 '종교 없는 그리스도교'(religionsloses Christentum)로 분류되며, 그리고 마침내 '신의 죽음'(Tod Gottes)도 그의 주장에 담겨질 수 있었다. 그렇지 않다. 그리스도교는 하느님을 경외하는 형식에서, 전례의 모습에서, 그리고 많은 생활형태(수도원)에서 종교와 연계될 수 있다. 그리스도교는 또한 미사의 장소에 관련하여 지속성을 만들었고, 동시에 자신이 이룬 내용물들을 새롭게 하였다.

---

16) 비교. 다음 3권으로 된 책 E. Feil, Religio I-III 종교 I-111 (Göttingen 1986, 1997, 2001), 상세한 설명에 대해서는 다음참조: G. Wenz, Neues zur Gretchenfrage 중요문제에 새로운 것. Ernst Feil, Untersuchung zur Geschichtge der Religionsbegriffs 종교개념의 역사 연구, in: HK 57 (2003), 359-364.

변화에서 이런 지속성에 대한 가장 인상적인 예는 '과달루페의 성모'(Our Lady of Guadalupe) 모습이다. 과달루페의 성모는 한때 매우 중요한 현지인의 토속 여신, "우리 존경의 어머니, 숙녀 뱀"이 있었던 그곳에 생겨났다. 그러나 그녀가 얼굴 모습(마스크)이 없으며, 그러나 그의 얼굴은 볼 수 있다는 점이 중요하다.

> 마스크 없는 얼굴은 그녀가 신이 아니라, 오히려 자비의 어머니임을 보여 준다. 왜냐하면 인디안 신들은 마스크를 한다. 이 생각은 태양과, 달과 그리고 별들의 상징을 통해서 더 발전되며 심화되어 갔다. 그녀는 토속의 신들보다 더 위대하다. 왜냐하면 그녀는 태양을 가리나, 끄지 않았기 때문이다. 그 여자는 최고의 신, 태양신보다 더 강력하다. 그녀는 달보다 더 강력하다. 왜냐하면 그녀는 달 위에 서 있으나, 달을 짓밟지 않기 때문이다.17)

그녀가 나타나는 모습과 상징에서, 이전 종교들의 전 재산이 모두 흡수되었고, 새로운 정상에서 발원하는 새 중심점으로부터 모든 것이 통일되었다. 그녀는 이른바 종교들의 우위에 서 있으나, 그녀는 이들을 짓밟지 않는다. 과달루페는 그래서 여러 면에서 그리스도교와 세계 종교들 간의 관계를 보여 주는 이미지이다. 모든 종교 물결은 그녀에게로 흐르며, 정화되며, 그리고 새롭게 되나, 파괴되지 않는다. 이는 또한 타 종교에의 진실에 대한 예수 그리스도의 진실에 대한 관계를 보여 주는 이미지이다. 진리는 파괴하지 않는다. 진리는 정화하며, 하나로 통일한다.

그리스도교는 단순히 종교의 역사에 속하지 않으나, 당연히 또한

---

17) H. Rzcepkowski, Guadalupe 과달루페, in: Bäumer/L. Scheffczyk (Hg.), Marienlexikon III, 38-42. Zitat 40.

단순히 종교비판의 역사나, 자아에 자족하는 이성의 역사에 속하지 않는다. 교부들은 그리스도교의 '이성적 힘'(Vernüfigkeit)에 대한 논의에서, 단순한 이해인 '이성'(ratio)과 인간의 사물을 구별하는 '지적능력'(intellectus)을 구별하였다. 이 영적인 지적능력은 단순한 이성보다 훨씬 더 광범위하다. 바로 이것이 지혜의 본질 −지혜인 믿음의 본질이다. 이 지혜는 단순한 이성의 편협성을 깨며, 그리고 다시 인간이 기초하고 있는 넓은 시야를 활성화시킨다. 지적능력은 매우 새로운 방식으로 이성과 종교를 서로 연계시키며, 그래서 인간을 진리에로 안내하는 것을 바로 그리스도교의 믿음의 특징이다. 영적인 지적능력은 종교가 일반적 관습으로 빠지도록 내버려 두지 않으며, 오히려 진리의 요구에 따라 살도록 한다.

그러므로 이것이 왜 그리스도 교인이 결코 다음과 같이 말할 수 없는가하는 이유이다. "모든 사람은 자신의 역사적 환경이 자신에 지정해 준 종교에서 그냥 살아야 한다. 왜냐하면 모든 종교가 각기 나름대로 구원의 길이기 때문이다." 이러한 태도를 가진 사람은 종교를 실제로 단순한 습관으로 축소하며, 진리와는 단절된다. 종교는 그렇게 되면 심리학(주관적 경험과 가치관)과 사회학(공동제도의 관례화된 형식)의 영역에서 끝이 나며, 그러나 이는 자물쇠를 여는 것처럼 인간의 신비를 열지 못한다. 보다 중요한 것은 종교는 이런 방식으로 오해되면, 인간을 하나로 통일시키는 것이 아니라. 그들 나름대로의 전통에서 인간존재의 주요문제를 깊게 건드리며, 그리고 문제들을 서로 서로 분리시킨다.

그리스도교 믿음으로의 영적인 자각은 가능하게 되어 있다. 왜냐하면 이스라엘에 구도(求道)하는 마음을 가지며, 반복되는 현재 습관에 만족하지 않으며, 좀더 위대함을 추구하는 사람들이 있었기 때문이다. 마리아, 엘리자벳, 그리고 열두 제자와, 신약에 나타나는 모든 자들이다. 이방인의 교회가 또한 가능하게 되었는데, 이는 지중해 지역뿐만 아니라(아라비아·북동아프리카·동남아시아·발칸 등을 포함하는) 근동(近東)과 (리비아에서 아프가니스탄에 이르는) 중동(中東)에, 자신의 선조들의 것에 만족하지 않고, 세상의 참구원자로의 길을 가르쳐 줄 별을 찾는 '기다리는 사람들'이 있었고, 그곳에 선교사들이 들어갔기 때문이다.

구원의 유일한 그리고 보편적인 중재자, 예수 그리스도를 말하는 것은 다른 종교들의 경멸을 결코 암시하지 않는다. 그러나 진리에 무능력하며, 모든 것이 이전처럼 지속되게 하는 모든 편리적인 무행동에 반대한다. 그리스도교 복음은 모든 인간 마음 깊이 숨어 있는 구도(求道)에 호소하며, 좀더 위대한 것, 하느님 자체, '완전한 진리'를 기다리는 열망에 호소한다. 이는 그리스도인에게도 적용된다. 그리스도인은 습관적 행위의 그리스도교, 단순한 의식(儀式)주의에, 그리고 지금까지 이루어 온 습관에 만족해서는 안 된다. 그리스도인은 또한 예수 그리스도에서 육신을 덧입은 진리를 만나기 위해 항상 새롭게 습관을 타파하여야 한다.18)

---

18) 교회의 교부들에게 '습관'(Gewohnheit, custom)은 바로 이교도의 동의어로 여겨졌다. J. Holdt는 H. Rahner에 연계하여 주장을 발전시키고 있는데, 이는 Clemens v. Alexandrien에서 보여진다: "'Synetheia'(습관)은 과거 이교도존재의 본체이다. 그리스도교 진실은 약과 같이 거칠고 쓰며, 반면 '습관'은 달콤하며, 그리고 유혹적이다. 믿음은 자유롭게 하나, 습관은 '노예화하며 속박한다'". (J. Holdt, Hugo Rahner. Sein geswchichts- und symboltheologisches Denken 휴고 라네너. 역사적- 상징적 신학 사고 (Paderborn 1997) 119. 비교 Chr. Gnilka, Chrêsis. Die Methode der Kirchenväther im Umgang mit der antiken Kultur, II Kultur und Konversin 크레시스. 고대 문화 관련한 교부들의 방법. II 문화와 회심(Basel 1993) 116f. u.ö.

그리스도와 교회

 이 모든 것을 가지고 '그리스도 구속자의 유일성과 보편성'의 주제에 대한 도전에 대응하고자 나는 노력하였다. 그러나 우리의 주제는 두 영역을 가진다. 이에 '그리고 교회의'(and of the Church)가 부가된다. 이는 '주님은 그리스도시다'(Dominus Iesus) 선언의 이중 구조와 일치한다. 그래서 두 번째 강의는 따라서 주제 '교회'에 집중하려 한다. 그러나 이는 시간을 너무 많이 필요로 한다. 그럼에도 이를 다루는 것은 아마도 그렇게 나쁜지 않다. 왜냐하면 만약에 예수 그리스도의 유일성이 인정되고 받아들여진다면, 그렇다면 교회로 가는 길은 자동적으로 나타난다.

 믿음의 교리를 맡은 교황청의 '신앙교리성성'(聖省)은 그리스도의 유일성의 선언에 교회론 부분을 추가하였다고 매우 심하게 비판을 받았다. 혹자는 여기서 교리상의 혼돈 또는 심지어 '경영사고' 같은 것을 보았다. 그러나 그리스도 예수를 만민(萬民)의, 즉 모든 시대의 구원자로 말하는 누구든지, 그리스도가 역사에서 항상 현존하여 왔으며, 그가 과거에 머물러 있지 않았다는 사실에 대해 침묵하지는 못한다.

 그러나 그리스도적 현존(christological presence)은 다름 아닌 교회이다. 교회는 그리스도가 자신의 약속을 영원히 지킨다는 사실에 기초하고 있다. "보라, 내가 세상 끝날까지 언제나 너희와 함께 있겠다."(마태 28,29) '함께하는' 것은 그리스도가 자신을 위해서 영원히 한 지체를 만들어서, 이에 사람들을 모으며, 그들 안에서 자신의 육신적 존재를 계속해서 이루어 가겠다는 방식으로 일어난다. 실제로 그리스도가 어제의 그리스도일 뿐만 아니라, 그는 오늘에도 그리고 영원히 동일한 그리스도이다.(히브13, 8) 그러나 만약에 그가 한 분이라면, '몸'(Leib)은 따라서 하나가 된다 -역사적으로 명백한 분열에도 불구하고 말이다. 그리고 이 하나됨·연합(unity)은 유토피아로 보거나, 또는 종말론 속으로 단순히 밀어 넣을 수 없다. 이는 역사에서 육신으로, 다시 말해 몸과 같이 존재해야 한다. 그리고 만약에 모든 구원이 그리스도와(어떤 방식으로든지) 관계하며, 그리고 교회와 그리스도를 구별할 수 없다는 것이 사실이라면, 이 교회는 그의 우주적인 화해자로서 몫을 가지며, 그리고 예수와의 모든 관련에 교회가 또한 어떤 방식이든 포함되는 것은 명백하다.

나는 콜로새 성도에 대한 서간의 위대한 그리스도 찬양으로 마치고자 하는데, 이 서간에 그리스도의 세상을 포용하는 위대성, 신성(神性), 인간성, 그리고 모든 것을 포용하는 구원의 화해가 표현되어 있다.

> 성도들이 빛의 나라에서 받는 상속의 몫을 차지할 자격을 여러분에게 주신 아버지께 감사하는 것입니다. 아버지께서는 우리를 어둠의 권세에서 구해 내시어 당신께서 사랑하시는 아드님의 나라로 옮겨 주셨습니다. 이 아드님 안에서 우리는 속량을, 곧 죄의 용서를 받습니다.
> 그분은 보이지 않는 하느님의 모상이시며, 모든 피조물의 맏이이십니다. 만물이 그분 안에서 창조되었기 때문입니다. 하늘에 있는 것이든 땅에 있는 것이든, 보이는 것이든 보이지 않는 것이든, 왕권이든 주권이든, 권세든 권력이든 만물이 그분을 통하여 또 그분을 향하여 창조되었습니다.
> 그분께서는 만물에 앞서 계시고 만물은 그분 안에서 존속합니다. 그분은 또한 당신 몸인 교회의 머리이십니다. 그분은 시작이시며 죽은 이들 가운데에서 맏이이십니다. 그리하여 만물 가운데에서 으뜸이 되십니다.

(콜로 1, 12-18)

베드로 두 번째 서간으로 우리가 이에 화답하자.

"이제와 영원히 그분-그리스도께 영광이 있기를 빕니다."
아멘 (2 베드로 3, 18).

5 장
그리스도를 바라보며
시험 속에 나타나는 그리스도의 모습

2000년 새천년의 의미를 되돌아보며

교황 요한 2세는 1978년 첫 회칙 '인간의 구원자'(Redemptor hominis)를 시작으로 2000년 희년(禧年)을 준비하였으며, 이 희년에 영적인 의미를 부여하고자 하였다. 1994년에 교황의 사도교서는 -제 3천년기(Tertio millennio adveniente)- 전적으로 희년 준비를 위한 것이며, 그리고 2001년 마침내 매우 아름다운 문장인 새천년기(Novo millennio ineunte)로 새천년의 의미를 밝히고자 노력하였다. 이런 모든 노력에도 불구하고 대희년은 오늘날 이미 다시금 거의 잊어버린 것 같다. 이에 우리들에게 더 이상 어떤 할 말이 남아 있는가?

아래의 생각들은 1997년 사순절 시기와 더불어 로마 라테란 대성전(Lateran Basilica)에서 성년(聖年)의 합당한 준비를 위한 로마대

교구의 준비로 이루어진 것이다. 6년이 지난 후 이를 다시 꺼내 읽으면서 바로 제기되는 질문에 답을 갖고 있음을 보게 되었다. 이 글은 -내가 보기에는- 우리가 '성년'(聖年)이라 부르는 대그리스도인의 축제를 이해하는 데 도움을 줄 것으로 보인다.

먼저 생각해 볼 것은 바로 제 3천년기(Tertio millenio ineunte)의 단어인데, 새천년은 본질적으로 우리의 생각을 정화하고 새롭게 하는 것으로 이해되어야 한다. 기억을 정화하는 것이 필요하다. 기억 정화를 통해 새로운 것이 이루어지며, 미래가 얽매이지 않고 열려지며, 또한 문(門)은 시간에서, 현재에서 영원으로 열려질 수 있다. 시간은 단지 기억을 통해서만 우리에게 실제로서 인지되며, 이 실제는 비록 지나가는 것이지만 그럼에도 불구하고 일관성을 갖는다. 기억에서 과거는 현재로서 유지되고 있다. 우리에게 현재가 갖고 있는 의미는 우리의 기억에 의존한다. 이는 시간의 크고 작은 조각들을 나의 '현재'로, '나의 시간'으로 함께 모으며, 따라서 미래를 계획하는 것, 미래에로의 결정을 하는 것을 가능케 한다.

미래를 다루는 사람의 능력은 그가 어떤 유형의 뿌리를 갖고 있는가에, 그가 과거를 어떻게 자신 속에 담는가 그리고 이로부터 어떤 행동과 판단의 기준을 만들어 내는가에 달려 있다. 기억은 증오, 실망, 또는 잘못된 소망, 또는 깊숙이 자리 잡은 거짓말을 통해서 독이 퍼지는 것같이 훼손될 수 있다. 이때에는 올바른 미래가 발전되어 질 수 없다. 기억은 피상적이며, 근시안적이 될 수 있다. 이 경우에 역시 기억은 거짓말과 또한 유혹에 빠지기 쉬우며, 따라서 미래는 다시 위협받는다.

이것이 왜 기억을 정화해야 할 필요성에 대한 이유이다. 그래서 기억의 정화는 마치 깨끗한 물이 바닥을 보게 하듯이, 위로부터 내리쬐는 태양빛을 인정해야 한다. 이것이 대희년의 목적이며, 우리는 대희년에서 우선 시간을 평가하는 방식을 되돌아봐야 한다. 그리스도에 대해 말하고 싶지 않으며, 그렇다고 서양의 시간 계산법을 버릴 수도 없는 무신론적 체제는 '그리스도 탄생 전', '그리스도 탄생 후'(Anno Domini) 표현을 '공동시대 이전'(Before the Common Era)과 '공동시대'(Common Era)와 같은 단어들로 대치한다. 그러나 이는 질문에 부담을 주지 않는가- 그 전환점에 무엇이 일어났는가? 역사가 시작되어서, 우리가 그 순간부터 새로운 시대를 시작하는 것이 어떻게 될 수 있는가? 왜 우리는 로마의 건국이나, 또는 올림픽에서 지배자의 연도에 따라 또는 세계의 창조에 따라 시간을 계산하지 않은 것은 어떻게 된 일인가? 2천 년 전에 시작된 이 시작은 여전히 우리에게 관심거리 인가? 이는 우리를 지지 하는가? 이것은 우리에게 어떤 의미가 있는가? 또는 이 시작(Anfang, beginning)은 우리에게 의미를 상실했으며, 단지 우리가 단지 실용적인 측면에서 유지해야할 또 다른 규칙상의 대회에 불과한가? 그러나, 만약에 그렇다면 무엇이 우리의 역사에 방향제시를 하는가? 이는 마치 어떤 경로를 갖고 있지 않으며, 어딘가 최종 목적지가 있을 것이라는 희망 속에 항해하는 배와 같지 않은가?

2000년이 제기한 질문들은 결코 그리스도인들에게만 적용되는 것은 아니고, 다만 그리스도인들에게 특별히 다가오는 것이다. 우리는 이 희년이 다시 한 번 신비로운 새 출발에 대한 질문이 되도록 해야 한다. 이 출발은 우리가 살고 있으며, 또한 우리가 가야 되는 목적을 담고 있는 새 출발로 여겨지는 역사에서 잊힐 수 없는 특징을 남겼다. 왜냐하면 그리스도를 시작(Anfang, beginning)으로 믿는 것은 모든 본질적인 것들이 과거에 묻혀 있다는 것을 의미하지는 않는다.

그리스도교가 본질적으로 과거로서의 종교적인 인상을 받지마는 -그리스도교에서 과거는 명목적이며 또한 모든 미래의 시간은 과거와 연계되어야 한다는 것- 이 생각은 계시(啓示)에 대한 부정확한 잘못된 개념과 사도의 죽음의 결론으로 점점 더 보편적으로 되고 있다. 그리고 이는 그리스도교와의 단절에 기여했다. 만약에 사람이 계시를 초차연적인 예로서, 즉 예수의 활동시대에 발생하였고 그리고 사도의 죽음과 더불어서 종결되었다면 -그렇다면 믿음은 실용적인 용어로 과거에 구축된 지적인 기억의 구조로 연계로서만 이해된다. 그러나 근대에 서서히 형성되어 온 이런 역사적이며, 지적인 계시의 개념은 전적으로 잘못된 것이다. 왜냐하면 계시는 성명들의 모음이 아니다. 계시는 그리스도 자신이다. 그는 하느님 스스로 자신을 선언하며, 그러므로 하느님의 아들이라 부르는 모든 것을 포함하는 말 '로고스' 이다. 룰론 이 하나의 '로고스'가 자유스럽게 명목적인 말로서 소통하며, 여기서 그는 자신의 것을 우리에게 내보여 준 것이다.

그러나 이 말씀(Word)은 항상 말들(words)보다 컸으며, 말들 가운데서 결코 소멸되지 아니한 것이다. 반대로 말들이 이 말씀(Word)의 무한성에 참여한다. 이 말들(words)은 동시에 모든 세대와의 만남에서 성장한다. 신성한 말은 이들을 읽는 자들과 더불어 성장한다고 대그레고리오(Gregor)가 말하였다.1) 이로부터 그리스도교의 넓은 범위와 요한복음에서 발견되는 계시를 이해한다. "내가 너희에게 할

---

1) 가톨릭교회 교리문답 Nr. 94에서 인용.

말이 아직도 많지만 너희가 지금은 그것을 감당하지 못한다. 그러나 그분 곧 진리의 영께서 오시면 너희를 모든 진리 안으로 이끌어 주실 것이다. 그분께서는 스스로 이야기하지 않으시고 들으시는 것만 이야기하시며, 또 앞으로 올 일들을 너희에게 알려 주실 것이다."
(요한 16, 12-13)

요한은 자신의 복음서에서 기억에 대한 첫 신학을 발전시켰다. 기억은 컴퓨터와 같이 저장된 정보를 위한 기계적인 보관창고가 아니다. 기억은 물론 기억창고이지만, 그 이상의 것이다. 기억 속에 이미 보관하고 있는 것들이 새로운 것들과 함께 만나므로, 그 과거는 빛을 받아들이며 전에는 전혀 볼 수도 없던 것이 기억 속에서 발견되며, 알 수 있게 된다. 기억은 같은 것으로 남아 있지만 성장한다. 우리는 말씀(Word)을 말들(words) 속에서 점점 더 많이 발견하며, 그래서 이는 항상 동일한 계시이다. 그러나 이 계시는 세대와 세대로 이어지면서 그 전체를 드러내며 보여 준다. 실제로 기억은 모든 현재의 순간에서 새롭게 자신의 삶을 살아간다.

하느님은 우리에게 그리스도 자신의 아들에서 자신을 그리고 자신의 전 말씀(sein ganzes Wort)을 주었다. 더 이상 그는 줄 수 없었다. 이 한도 내에서 계시는 완결되었다. 그러나 이 말씀이 하느님 자신이며, 모든 말들(words)은 이 말씀(Word)에 귀의하기 때문에, 이 말씀은 결코 과거가 아니며 현재이며 미래다. 또한 항상 동시에 우리의 삶이 미래에의 열림같이 영원 속에 우리의 삶을 닻을 내리는 정박지이다. 죽음보다도 훨씬 강한 실제 생명의 보증이다. 따라서 이것이 왜 그리스도가 이미 도래한 자(der Gekommene)이며 또한 동시에 올 자(der Kommende)인가에 대한 이유이다. 그래서 우리는 이미 도래한 구속자를 믿으며 또한 그를 기다리고 있다. 마라나타! (Maranantha -오소서 예수님)!

대희년은 사람들이 이를 판타지적인 어떤 환상 가운데서 세기의 전환으로 보며, 또는 재앙적인 두려움으로 보았을 때 잘못 이해되었고 실망으로 끝날 수밖에 없었다. 또한 이를 단지 과거로서, 가령 대 기념 행사와 같이 축하하려고 생각한 사람들도 희년을 마찬가지로 잘못 이해한 것이다. 2000년 그리스도의 희년은 다른 축제들과 차이점이 나는데, 이는 시간의 과거 현재 미래의 모든 세 수준과 그리고 영원에 대한 소망과 관계가 있기 때문이다. 이는 확실히 도래한 그리스도를 상기하며 또한 그와 친숙해지는 것을 의미했다. 그러나 이는 또한 우리의 삶과 우리 역사의 지속적인 지지적인 이유를 보며, 이를 새롭게 찾아가는 것이다. 다시 말해서 미래에 대한 방향을 얻는 것이며 동시에 시간의 감옥을 부수는 것을 의미했다. 영원히 지속하는 것에 접근을 찾는 것이다. 이는 왜 교황이 매우 실용적으로 1977년 우리 주의 해의 특별임무로 선정하였는가에 대한 이유이다. "새로운 관심을 가지고 올 한 해에 성경으로 돌아가자", 그리고 "세례를 그리스도교 본질의 근본으로 다시 발견하자."[2]

예수의 시험의 역사 - 자신의 모습의 반영으로

나는 이제 한 성서 구절을 통해, 어떻게 우리가 그 구절에서 그리

---

2) 제 3천년기의 사도회람 Nr.40, 41

스도를 발견하며, 우리의 시각을 그에게 맞추고, 이에 올바른 삶의 방향과 더나가 일반적으로 역사의 방향을 찾는가를 보여 주고자 한다. 성서의 주해는 그리스도교적인 기억을 열어 주는 것과 같은 것이어야 한다. 말하자면 이 기억들에서 그리스도를 바라보는 것이 우리의 초점을 정화하고 우리로 하여금 올바로 볼 수 있게끔 도와준다.

나는 이를 위해서 초기 그리스도교부터 사순절이 시작될 때 전례에서 사용되며, 근본적인 비밀로 매번 우리를 자극하는 한 구절을 선택하였다. 예수의 시험이다. 나는 여기서 이를 고대 전례의 전통에 따라 마태오복음(4, 1-11)의 말씀으로 생각해 보고자 한다.

시험의 이야기는 예수가 세례를 받은 것을 설명한 후 바로 이어지고 있는데, 세례는 바로 죽음과 부활, 죄와 구속, 죄와 사죄를 모형적으로 보여 주고 있다. 예수는 요르단의 깊은 곳으로 내려갔다. 강에서 물 아래로 잠기는 것은 상징적으로 죽음의 과정을 보여 준다. 과거 옛 생활은 묻혔고, 이로써 부활이 준비되어 있다. 예수 자신은 죄가 없고 묻을 옛 생활이 없으므로, 그가 세례를 받아들인 것은 십자가를 받아들이는 것이다. 여기서 예수는 우리의 운명에서 함께하며, 우리의 죄와 죽음을 받아들이는 것을 시작한다. 예수가 다시 물에서 나오는 순간에 하늘이 열렸고, 하늘로부터 아버지가 그를 자신의 아들로 인정하는 한 소리가 들렸다. 열린 하늘은 바로 우리의 어두운 밤에로 들어가는 것이 새로운 날을 열며, 하느님과 인간 간의 장벽이 우리와 함께하는 자신의 아들로서 인정함을 통하여 무너질 것에 대한 예시이다. 이로써 하느님은 더 이상 접근 불가능한 존재가 아니다. 우리의 죄의 깊음에서, 심지어 죽음에서 그는 우리를 찾으시며 그리고 우리를 빛으로 다시금 인도하신다. 이런 수준에서 예수의 세례는 그의 삶과 죽음의 전체 드라마를 미리 보여 주며, 이를 우리에게 동시에 설명하여 주는 것이다.

이와 비슷한 의미에서 시험의 이야기는 하나의 기대, 한 거울, 하느님과 인간의 비밀을 보여 주며, 예수 그리스도의 비밀을 보여 주는 것이다. 시험의 이야기에서 예수는 이 땅으로의 육화의 순간에서 시작하였고, 이 세례에서 보이도록 하는, 이 계획적인 낮아짐을 이어가고 있다. 즉 십자가와 무덤으로, 스올(Scheol), 죽음의 세계로 인도하는, 내려오는 세례이다. 그러나 이 이야기에서 새로운 탈출이 또 다시 일어나는데, 이는 자신의 심원에서 인간에로 탈출을 가능케 하며, 허용하여 열리는 것으로, 그러므로 예수는 자신을 초월할 수 있다.

사막에서 예수의 40일 간의 금식은 모세가 하느님의 말씀을 받기 전, 성스런 10계명 판을 받기 전에 시내산에서 40일 간 금식하며 보낸 40일 간을 생각나게 한다. 이는 또한 한 랍비의 전통을 생각나게 하는데, 이에 따르면 모세가 호렙산으로 가는 노정에서 40일 간 밤과 낮에 음식이나 물을 취하지 않았고, 모세를 동행한 천사를 바라보고 그와 이야기함으로써 생명을 유지했다. 이는 또한 이스라엘 백성들의 40년 간 광야에서 보낸 시간들을 생각나게 주는데, 이 시간들은 특별한 하느님의 현존뿐만 아니라, 시험의 시간이었다.[3] 교회 선조들은 40이라는 수에서 일반적으로 역사시간에 대한 상직

---

[3] 이 주제에 대해서는 다음 참조. Gnilka, Das Matthäusevengelum I 마태오 복음 I (Freiburg 1986) 86f.

적인 수를 보아 왔고, 마찬가지로 광야에서 40일 간 예수의 날들은 모든 인간의 역사를 반영하는 것으로 보았다.

예수의 시험은 그래서 마침내 아담의 원(原)시험(Urverschung)을 받으며 이를 극복한 것으로 이해될 수 있었다. 실제로 히브리서는 매우 인상적으로 예수는 우리와 함께 체휼(體恤)하는 분임을 강조한다, 왜냐하면 그는 죄를 짓지 않았음에도 불구하고 우리와 같은 상태에서 모든 면에서 시험을 받았기 때문이다.(히브 4, 15; 2,18) 예수가 시험을 받는다는 것은 사람의 존재로서의 중요 부분이며, 우리와의 교제 속으로, 우리의 곤경의 깊음 속으로 내려옴의 일부이다.

중요하게 여겨져야 될 점은 여기서 전체적으로 묘사된 시험이 우리들이 예수의 각 삶의 단계에서 다시 만나 볼 수 있다는 점이다. 오병이어의 빵을 만든 사건 후에 예수는 무리들이 자신을 왕으로 만들려는 것을 알고서는 이로부터 벗어났다. 그는 산으로 혼자 갔다.(요한 6, 15) 비슷한 방법으로 그는 또한 자신을 표적에 매어 두려고 하는 시험에서 벗어났는데, 이는 자신의 원래의 보냄을 받은 선포를 못하게 방해하려는 것이었다.(마르 1, 35-39) 그리고 베드로가 예수를 하느님의 아들로 고백을 한 후에 바로 예수를 고난의 길로 접어드는 것을 막으려고 할 때 주예수는 시험의 최고요 또한 종결 점으로 들리는 말을 베드로에게 하였다. -사탄아, 내 뒤로 물러가라.(마르 8,33)

그러므로 시험의 이야기는 예수의 전 싸움으로 다음과 같이 요약할 수 있다. 시험은 예수가 받은 위임의 본질에 관한 것이나, 이는 동시에 인간의 삶의 올바른 질서, 인간존재의 길 그리고 역사의 길에 관한 것이다. 마지막으로 이는 인간의 삶에서 실제로 가장 중요한 것에 대한 것이다. 마지막의, 가장 결정적인 것은 하느님의 수위(首位)(Primat, primacy)이다.

모든 시험의 핵심은 하느님을 옆으로 치우는 것, 우리의 삶의 모든 중요한 것 외에 두 번째의 순위로 보이게 하는 것이다. 그러나 우리 자신을 생각하며, 일순간의 필요와 바라는 것들을 하느님보다 더 중요하게 하는 것이 바로 항상 우리를 위협하고 있는 시험이다. 왜냐하면 이렇게 함으로써 하느님에게서 그의 존엄성을 무시하며, 그리고 우리는 우리 자신을, 또는 우리를 위협하는 그 힘들을 우리의 신(神)으로 만든다.

첫 시험 -빵과 구원

그러나 그 각각의 시험을 한 번 들여다보자. 40일 간의 금식 후에 예수는 매우 배가 고팠다. 영양에 대한 기본적인 육체적인 필요는 시험의 대상이 된다. 그러나 여기에 어떤 또 다른 의도가 숨어 있다. 두 시험은 다음과 같은 말로 시작한다, "네가 하느님의 아들이거든…." 우리는 이 말을 다시금 십자가 밑에 조롱하는 사람들에서 다시 들을 수 있다- "네가 하느님의 아들이라면 십자가에서 내려와 보아라."(마태 27,40)

이는 심문이며, 동시에 도전이다. 그리스도는 자신의 주장에 신뢰를 주기 위해서 증명을 해야 한다. 이 증명에 대한 요구는 예수의 전 생애를 통틀어서 계속해서 볼 수 있다. 생애 동안 예수는 모든 모호성과 또한 모순을 제거하며, 모든 분쟁하는 자에게 분명하게 자신이 누구며, 무엇이며, 또한 아닌가를 보여 주기 위해서 큰 기적을 행하여야만 했으며, 이는 늘 충분치 않다고 여겨져 왔다. 그리고 이 요구는 전 역사를 통해서 하느님, 그리스도, 그리고 그리스도의 교회에 행하여 졌다:

> 이는 당신, 하느님이 존재한다면 너는 너를 보여 주어야만 한다. 그리고 숨기는 구름들을 모두 먹어 해치우고, 그리고 우리가 요구하는 명료함을 보여야 한다. 만약 네가, 그리스도, 아들이며 그리고 역사에서 얼마든지 보이는 그런 선각자가 아니라면, 그렇다면 너는 네가 하고 있는 것 이상으로 더 명료하게 보여 주어야 한다. 그리고 교회가 진정 너의 교회라면, 너는 교회가 그 실제보다 또 다른 차원에의 명확성을 보여 주어야 한다.

우리는 이 점은 두 번째 시험에서 다시 언급할 것이며, 이는 시험의 중심을 구성하고 있다. 시험자가 첫 시험에서 제안한 하느님의 증명은 사막의 돌들을 빵으로 만들라는 것이다. 먼저 이는 예수 자신의 배고픔의 문제로 루카는 보았다- 이 돌더러 빵이 되라고 해보시오.(루카 4,3) 그러나 마태오는 이 시험을 더 넓은 의미에서 보고 있는데, 이 문제가 어떻게 전체 역사를 통틀어서 예수에게 나타나는가를, 또 이를 어떻게 감당하는가를 보여 준다.

인간에게서 배고픔보다 더 비극적인 것이 무엇이겠으며, 좋은 하느님에 대한 믿음과 그리고 인간의 구원자에 대한 믿음에 모순되는 것이 무엇이 있겠는가? 구원자가 백성들에게 빵을 주며, 모든 배고픔에 종결을 고하는 것이 세상 앞에서 세상을 위한 구원자의 첫 증명이 되어야 하지 않는가? 광야의 방랑기간에 하느님은 이스라엘 백성을 하늘의 빵, 만나로 먹여 살렸다. 이를 통해 메시아 시대의 모습을 알아볼 수 있다고 사람들은 여기게 되었다. 세상의 구원자는 모두에게 먹을 것을 주는 것으로 자신을 증명하였고, 또한 그렇게 하여야만 되지 않는가? 세계를 먹여 살리는 문제, 그리고 일반적인, 다시 말해 사회적인 문제가 구속에 대한 평가의 첫 번째의 진정한 기준이 아닌가? 이러한 기준에 충족치 못한 사람을 구원자라 부르는 것이 정말 옳은가? 마르크시즘은 바로 이런 기준을 가졌는데, 최소 개념적으로 보면 본질에서 구원의 약속을 하고 있다. 마르크스주의는 모든 배고픔에 종말을 고하고 "사막이 빵으로 될 것"을 이룬다고 하였다.

"네가 만일 하느님의 아들이거든…" -이는 어떤 도전에 해당하는가? 이런 논리를 바로 교회에 적용할 수는 없는가. 네가 하느님의 교회가 되려거든, 그렇다면 무엇보다 먼저 너는 세상을 먹일 빵 문제부터 해결하라.- 그 외 것들은 차후적인 문제다. 이런 도전적인 요구에 대답하기란 참으로 어려운데, 이는 바로 배고픈 자들의 탄식이 바로 귓가에서 메아리치며, 영혼 속으로 파고들기 때문이다.

예수의 대답은 시험의 역사에서만 이해할 수 없다. 빵을 중심으로 한 주제는 복음서 전체에 걸쳐 있으며, 전체 속에서 이를 보아야만 한다. 예수의 생애에서 빵에 관련된 주요 두 사건이 있다. 하나는 광야에서 예수를 묵묵히 따른 수천 명을 먹인 사건이다. 전에는 시험으로서 물리쳤지만, 여기서는 도대체 무슨 일이 일어난 것인가? 수많은 사람들이 하느님의 말씀을 듣기 위하여 예수께로 왔다. 이들은 말씀을 듣기 위해서 모든 일을 뒤로 남겼다. 이렇게 사람들이 하느님과 서로 서로 마음을 열었을 때, 이들은 올바른 방법으로 빵을 받을 수 있었다.

이 빵의 기적에는 세 가지의 의미가 있다. 하느님을 구함, 하느님의 말씀을 구함, 그리고 전 삶을 위한 옳은 방식의 구함이다. 빵은 하느님으로부터 구함으로 주어진다. 그리고 서로 나누고자 하는 자세가 바로 이 기적의 주요 요소이다. 하느님을 듣는 것은 하느님과의 삶으로 되는 것이며, 이는 믿음에서 사랑으로 그리고 이웃에 대한 사랑의 발견으로 이어진다. 예수는 배고픈 자들, 그들의 육체적인 필요에 무관심하지 않는다. 그러나 그는 이에 올바른 우선순위와 올바른 질서를 세웠다.

이로써 빵의 이야기는 세 번째 시험을 준비하며, 이는 최후만찬에 대한 준비이다. 최후만찬은 교회의 성체이며 예수의 영원히 지속하는 빵의 기적이다. 예수님은 죽음으로 많은 열매를 맺는 밀알이 되었다.(요한 12, 24) 예수가 스스로 우리를 위하여 빵이 되었다. 그리고 이 빵은 세상 끝나는 그날까지 고갈되지 않는다. 이로써 우리는 사탄의 시험을 물리친 구약에서 인용한 예수의 말을 이해한다.(신명 8,3) "…사람이 빵만으로 살지 않고, 주님의 입에서 나오는 모든 말씀으로 산다…." 독일의 나치에 의해서 처형된 예수회 알프레드 델프(Alfred Delp)의 한마디는 매우 의미 있다. "빵은 중요하다. 자유는 더 중요하다. 그러나 가장 중요한 것은 '신실한 예배'(die unverlorene Anbetung)이다."

이런 재화에 대한 질서가 지켜지지 않는 곳에서는, 다시 말해 이 질서가 거꾸로 되어 있는 곳에서는 정의가 더 이상 존재하지 않으며, 고난받는 자들도 더 이상 돌봄을 받지 못한다. 대신에 물질재화의 계(界)는 조각나며 파괴되어진다. 하느님을 세속적으로 두 번째 자리에 놓으며, 그 어떤 세상의 것을 더 중요하게 더 본질적으로 여기는 곳에는 중요하게 여기는 것들은 실패하고 만다. 마르크스주의자들, 실험의 부정적인 결과들이 이에 대한 유일한 증명이 아니다.

서구의 제3세계에 대한 지원 정책은 자신들의 아는 것과 지식에 자랑하는 물질과 기술을 중심하는데, 이는 바로 하느님을 제거하였을 뿐만 아니라, 자신들이 "더 많이 안다"고 뽐내며 주장함으로 사람들을 하느님으로부터 몰아내었고, 처음 제 3세계(the third world)를 오늘날의 개념으로 이해되는 가난한 제 3세계(the Third World)로 만들어 놓았다. 서구의 개발 지원은 종교적 관습적 사회적 구조를 배제시켰으며, 대신 기술적인 정신 상태를 빈 공간(Leere)에 채웠다. 서구는 돌을 빵으로 변화시킬 수 있다고 믿었지만 실제로는 빵 대신에 돌을 주었다.

우리는 하느님의 수위(首位), 하느님의 말씀의 수위(首位)를 다시 한 번 인정해야 한다. 이것이 2000년을 축하는 요점이며, 계속해서 나아갈 수 있다. 물론 하느님이 자신의 모습이 더 명확하게 드러내는 세상을 왜 만들지 않았느냐고 질문할 수 있다. 그리스도는 모든 만나는 자마다 자신의 영광으로 반박할 수 없는 결정적 영향을 주는, 현존하는 또 다른 증거를 왜 남겨 놓지 않았는가 질문할 수 있다. 이는 바로 우리가 풀 수 없는 하느님과 인간의 비밀이다. 우리는 이 세상에서 살고 있는데, 이 세상에서 하느님은 손을 내어 잡아 파악할 수 있는 어떤 증거물들을 갖고 있지 않다. 이 하느님은 다만 마음을 부수어 나감으로, 이집트에서 탈출로부터 찾을 수 있으며, 찾아진다.

이 세상에서 우리는 거짓된 철학자들의 속임을 대적해야 하며, 우리는 빵만으로는 살 수 없고, 첫째로 또한 무엇보다 하느님의 말씀에의 순종으로 살아감을 인정해 한다. 이러한 순종이 실현될 때에만 모든 사람에게 빵이 제공될 수 있다는 의식과 행동이 또한 자라게 된다.

두 번째 시험: 하느님을 시험대 위에 놓다?

 이제 두 번째 예수의 시험을 다루게 되는데, 이 시험의 의미는 여러 면에서 세계의 시험 중에서 이해하기가 제일 어렵다. 이 시험은 일종의 비전(vision)으로 파악되는데, 이 비전에서 실제로 인간과 예수의 임무에 대해 매우 높은 위험이 요약되어 있다. 먼저 눈에 띄는 특이한 점이 있다. 사탄은 예수를 시험에 끌어들이기 위해서 성경을 인용하였다. 사탄이 인용하는 성경은 시편 91,11-12로 하느님이 믿는 자에게 보장한다는 보호를 다루고 있다. "그분께서 당신 천사들에게 명령하시어 네 모든 길에서 너를 지키게 하시리라. 행여 네 발이 돌에 차일세라 그들이 손으로 너를 받쳐 주리라."
 이 성서 말씀은 특히 이 사건이 성스런 도시인 예루살렘에서, 성스런 장소에서 말하여졌기 때문에 중요도를 더하고 있다. 실제로 이 인용된 시편은 성전과 연계되어 있다. 이 시편 저자는 성전에서 보호를 기대하였는데, 왜냐하면 하느님의 거처가 특별한 장소이기에 신의 보호가 있는 곳으로 여겼기 때문이다. 하느님을 믿는 인간이 성전 외에 그 어떤 곳에서 더 하느님의 안전한 보호를 보겠는가?4) 사탄은 이처럼 시편을 정확히 인용할 줄을 아는 것을 볼 때 성서에 정통한 자임을 보여 준다.
 두 번째 시험의 전체 대화는 형식상으로 보면 두 성경 선생의 싸움으로 비춰진다. 사탄은 신학자로 등장하고 있음을 그닐카(Joachim Gnilka)는 주목하였다. 솔로비요프 (Vladmir Soloviev)는 이러한 동기를 그의 '반 그리스도에 대한 짧은 이야기'(Kurze Erzählung vom Antichrist)에

---

4) 자세한 사항은 다음 참조. Gnilka, a.a.O. 88.

담았다. 이 반기독교인 솔로비요프(Soloviev)는 튜빙겐대학에서 명예박사 학위를 받았다. 러시아의 대신지(神智) 학자의 이 작은 책은 매우 자극적인데, 왜냐하면 이 책은 예수의 시험의 역사에 대한 해설서로, 또한 우리를 매우 놀라게 하는 현재성을 가지면서, 믿음과 배교, 믿음과 불신(Gegenglaube)을 구별하는 특징들을 보여 주기 때문이다.5) 만약에 신학이 성경 구절과 그리스도교 믿음의 역사에 대한 단순한 지식이며, 그러나 다른 본질적 결정들과 연계된 것이 아니라면, 그렇다면 이는 믿음에 기여하는 것이 아니라 오히려 믿음을 파괴한다.

그리스도와 사탄 간의 신학적인 논쟁적 대화(Streitgespräche)는 올바른 성경 해석을 놓고 벌어지는 싸움이며, 이 올바른 성경 해석은 단지 역사성에만 있지 않다. 궁극적인 질문은 하느님에 대해 어떤 견해를 갖고 성경을 읽는가이다. 해석에 대한 논쟁은 따라서 하느님은 누구인가에 대한 다툼이다. 적그리스도에 관한 역사에서 한 문장은 문제의 본질이 어디에 있는가를 잘 보여 준다. 그는(적그리스도) 하느님을 믿는다. 그러나 그는 자신의 영혼의 깊음 속에서 자신이 하느님보다 우선한다.

이 시험에 대한 모든 이야기에서 성경에 대한 다툼은 다름이 아니라 구약이 정말로 그리스도에 속하는가, 또는 그리스도가 정말로 약속에 대한 응답인가에 대한 다툼이다. 그는 가난하며, 힘이 없는, 실패한, 십자가에 매달려 있을 때 하나님의 보호를 받지 못한자- 그는 적그리스도가 만든 일반복지(der allgemeine Wohlstand)를 가져오지 못하는, 그는 실제로 바로 보내심을 받아 올 바로 그 자인가? 성서를 놓고 벌어지는 씨름은 우리가 말하였듯이, 바로 하느님의 모습

---

5) W. Solowjew, Kurze Erzählung von Antichrist. L. Müller 가 번역하며 설명함 (München 1986 6판).

을 놓고 벌어지는 씨름이다.

그러나 이 씨름은 예수 그리스도의 모습에서 결정이 난다. 세상적인 권력이 없으며, 이를 주장하지 않는 그가 바로 살아 계신 하느님의 아들이란 말인가? 성경을 놓고 일어나는 이 싸움은 바로 예수 그리스도에서 하느님을 놓고 일어나는 싸움인데, 이는 항상 새롭게 이루어져야만 한다.[6]

그리스도와 시험 자간의 특별난 성경적 대화에 대한 구조적 질문은 내용에 대한 질문을 예고한다. 그렇다면 이 내용의 본질은 무엇에 관한 것인가? 사람들은 '빵과 유희'(Brot und Spiele)의 동기로 이 시험을 결합하여 보았다. 빵 문제 다음에 이 센세이션이 제안된 것이다. 단순한 육체적인 만족이 인간에 충분하지 아닌 것은 분명하기 때문에, "하느님을 세상과 인간에 허락 키를 바라지 않는 자는 분명히 흥분되는 자극, 종교적인 경외심을 대체하며 쫓아 버릴 수" 있는 스릴을 제공하여만 한다. 그런데 여기서는 관중이 없기 때문에 이것이 해당되지 않는 것 같다.

문제의 핵심은 신명기(6,16)에서 인용하고 있는 예수의 대답에서 나타난다― "주 너희 하느님을 시험한 것처럼, 그분을 시험해서는 안 된다."(신명 6,16) 신명기에서 이는 이스라엘이 거의 어떻게 사막에서 목마른 갈증으로 망해 갈 위기에 처했는가에 이야기에 대한 암시이다. 이스라엘은 모세에게 반역할 만큼 정도가 지나쳤으며, 이는 바로 하느님에 대한 반역이 되었다. 하느님은 그가 바로 하느님임을 보여 주어야만 한다. 하느님에 대한 이 반역은 성서에 다음과 같이

---

6) Chr. Schoenborn, Gott sandte Sohn. Christolgie (Paderbron 2002) 38f. 본 책은 예수의 신성을 놓고 일어나는 유대인과 그리스도인 간 중세의 논쟁-즉 세계 평화를 가져오지 못한 예수가 정말 메시아 인가?-를 잘 보여 준다.

쓰여 있다- 그들은 '주님께서 우리 가운데에 계시는가, 계시지 않는가?' 하면서 주님을 시험하였다."(탈출 17,7)

그러므로 여기서 본질적인 것은 이미 우리에게 언급된 것, 즉 하느님이 시험대에 서야 한다는 것이다. 하느님은 사람들이 물건을 시험하여 보듯이 시험될 것이다. 그는 우리가 확실하다면 필요하다고 선언하는 조건에 복종되어야 한다. 지금 그가 만약에 시편 90장에 약속한 보호에 대한 보장을 해 주지 않으면, 그는 그 즉시로 하느님이 아니다. 그리고 그는 자신의 말과 그리고 자신을 속인 것이다. 우리가 어떻게 하느님을 알 수 있으며, 우리가 어떻게 하느님을 알지 못하며, 인간이 어떻게 하느님께 서며, 그리고 인간이 어떻게 하느님을 잃는가 등 일련의 주요한 전체 질문들 앞에 우리는 직면해 있다. 하느님을 한 대상으로 만들려는, 그러므로 그에 우리의 실험적 조건을 씌우려는 교만은 하느님을 찾을 수 없다. 왜냐하면 이는 이미 우리가 우리 자신을 하느님 위에 놓는 것이기 때문에, 하느님을 하느님으로 부인하는 것을 이미 가정하고 있다. 우리가 사랑의 전 면목을, 내적인 들음을 제거하며 그리고 실제로 다만 경험적인 것, 우리의 손에 조작할 수 있도록 주어진 것만 인정하기 때문이다. 이런 방식으로 생각하는 누구도 자신을 하느님으로 만들며, 그러므로 하느님뿐만 아니라 세상과 자신을 비하시키는 것이다.

성전의 꼭대기의 장면에서 또한 십자가로의 바라봄이 열린다. 그리스도는 성전의 꼭대기에서부터 자신을 내어던지지 않았다. 그는 깊은 곳을 향해 뛰어내리지 않았다. 그는 하느님을 시험하지 않았다. 그러나 그는 죽음의 나락으로, 버림의 밤 속으로, 무방비의 의지할 데 없는 자들의 황량함과 슬픔 속으로 내려갔다. 그는 사람들을 위한 하느님의 사랑의 행위로 위험을 무릅쓰고 도약을 하였다. 그리고 그는 이 도약 속에서만 궁극적으로 아버지의 그 자비로운 손안으로 떨어질 수 있음을 알았다.

그래서 시편 91장 90절의 실제적인 의미, 그 시편이 말하고자 하는 최후적인 그리고 무한한 신뢰에의 권리가 나타난다. 하느님의 의지를 순종하는 자는 그가 경험하는 모든 공포 속에서 그 마지막 피난처를 잃지 않음을 안다. 그는 세상의 기초가 사랑이며, 그러므로 심지어 어느 누구도 자신을 도울 수 없고, 도우려 하지 않은 가운데서도 그는 자신을 사랑하는 자를 향하여 확신 가운데 계속 걸어갈 수 있다. 성서가 우리에게 능력을 주며, 부활한 주님께서 우리를 초청하는 이런 확신은 하느님을 우리의 종으로 만들고자 하는 앞뒤 가리지 않는 무모한 도전과는 완전히 다르다.

세 번째 시험 –그리스도와 적그리스도

우리는 이제 이야기의 클라이맥스이며, 세 번째 이면서 마지막 시험을 대하게 된다. 마귀는 주님을 비전 속에서 매우 높은 산의 꼭대기로 데리고 갔다. 마귀는 세상의 모든 왕국들을 그리고 그 영광들을 보여 주고, 그에게 이 세상의 통치권을 제의하였다. 이는 정확히 보면 바로 메시아가 보냄을 받은 사명이 아닌가? 그는 전 지구를 평화와 복지의 거대제국으로 통일할 세상의 왕이 되어야 되지 않는가? 빵의 시험에 대한 예수의 이야기에서 두 개의 주목할 만한 대조적인 것, 오병이어의 역사와 최후만찬이 있는 것처럼, 여기에도 그러하다.

부활한 예수님은 제자들을 '산위로'(마태 28, 16)로 불러 모았다. 그리고 그는 진실로 다음과 같이 말하였다 -"나는 하늘과 땅의 모든 권한을 받았다."(마태 28, 18) 여기에 두 개의 새로운 그리고 다른 점이 있다.- 주님이 하늘과 땅의 권세를 가졌다. 그리고 이 완전한 권한을 가진 유일한 사람만이 실제의, 구원의 능력을 갖는다. 하늘의 권세가 없다면, 땅의 권세는 여전히 분명하지 않으며 결함이 있다. 하늘의 기준과 하늘의 영역, 다시 말해 하느님 아래에 있을 때에만 그 권세는 선을 위한 권세가 된다. 그리고 하느님의 축복 아래에 있는 권세만이 또한 신뢰할 수 있다.

여기에 다른 새로운 설명이 있다. 예수가 부활한 유일한 사람으로서 이 권세를 갖는다. 이 권세는 다름 아니라 십자가를 미리 예견하며, 그의 죽음을 전제하고 있다. 이는 다른 산 -골고타- 을 가정하고 있는데, 여기서 예수는 십자가에 달렸으며, 사람들에게서 조롱을 받았고, 제자들에게 버림을 받았고 그리고 죽는다.

그리스도의 왕국은 사탄이 보여 주는 세상의 왕국과 그들의 영광과 다르다. 그리스 단어 doxa(영광)가 가리키는 것처럼, 이 영광은 붕괴되는 실체가 없는 유혹하는 외견이다. 이런 영광을 그리스도의 왕국은 갖고 있지 않다. 그리스도의 왕국은 자신을 그리스도의 제자로 되는 것을 허락하며, 그리고 삼위일체 하느님의 이름으로 세례를 받으며 그리고 그의 명령을 지키는 자들이 선언하는 그 겸손을 통해서 성장한다.(마태 28, 19-20)

그러나 이 시험을 다시 다루어 보자. 시험의 실제 모습은 시험이 어떻게 역사의 과정을 거치면서 어떻게 계속해서 새 형태를 갖게 되는가를 보게 되면 명백해진다. 콘스탄틴 이후 그리스도교 제후 들은 믿음을 제국의 단결에 유용할 것으로 보이는 정치적 요소로 만들고자 노력하였다. 그리스도의 왕국이 이제는 정치적 왕국으로, 그 영광을 갖는 것으로 기대되어졌다. 믿음의 중요성, 그리스도 예수의 세상적인 무소유 권력이 지금은 정치적·군사적 힘에 의해 보완되어진 것으로 보인다. 모든 세기에 다양한 유형으로 권력으로 믿음을 확보하려는 유혹이 지속적으로 일어났으며, 또한 몇 번이고 믿음은 권력의 품안에서 질식된 상태의 위기에 봉착하였다. 교회의 자유를 위한 싸움, 예수의 나라가 어떤 정치적 체제와 동일시되지 말아야 하는 진실을 위한 싸움은 매 세기에 있어야 한다. 왜냐하면 믿음과 정치적 권력과 혼합됨에 치러야 할 대가는 결국 믿음을 권력의 시녀로 등장하며, 또한 믿음을 정치적 기준에 굴복되는 것으로 된다.

주님의 고난 역사에서 여기서 나타나는 선택이 다시 그 모습을 보여 준다. 고난의 정점에 빌라도는 예수와 바라빠를 선택하도록 한다. 둘 중 하나는 자유의 몸이 된다. 그러나 바라빠가 누구인가?
우리는 보통 단지 요한복음의 설명을 귀에 담고 있다 – "바라빠는 강도였다."(요한 18,40) 그러나 강도에 대한 그리스어는 팔레스타인 지역에서 당시 정치 상황에서 특별한 의미를 갖고 있었다. 강도는 종종 '저항군'(resistance fighter)으로 불리어졌다. 바라빠는 저항에 참여하였으며, 이와 관련하여 그는 살인의 혐의로 고소되었다.(루카 23, 19.25) 마태오가 바라빠는 매우 '유명한 죄수'였다고 말한 것은 그가 매우 능력 있는 저항군, 저항을 이끄는 지도자였음을 말하는 것이다.(마태 27,17) 다른 말로 표현하면, 바라빠는 메시아적인 인물이다.
예수와 바라빠간의 선택은 우연이 아니다 – 두 개의 메시아적 모습, 두 개의 메시아의 유형이 서로 대치하는 것이다. 이는 우리가 '바라-빠'(Bar-Abbas)가 '아버지의 아들'(Sohn des Vaters)임을 나타내고 있음을 고려하면 더욱 그렇다. 이는 전형적인 메시아의 명명, 메시아 운동의 주도적인 인물에 대한 숭배자 집단의 이름이다.

132년에 유대인의 마지막 최대의 메시아 운동은 '바라 코흐바'(Bar Kochba)- 별의 아들(Son of the Star)에 의해 지휘되었다. 이는 똑같은 이름의 형성을 보여 준다- 똑같은 의도가 표현되어 있다. 이집트의 오리게네스(Origen)로부터 더 흥미로운 상세한 내용을 경험하게 된다. 3세기까지 복음서의 많은 필사본에서 여기서 문제가 되는 그 사람은 '예수 바라빠'(Jesus Barabbas)로 -예수 아버지의 아들(Jesus Sohn des Vates)로 불리었다. 여기서 예수에 대해 이중적인 형태로 나타나고 있는데, 이 예수는 당연히 매우 다른 방식으로 똑같은 요구를 이해하고 있다. 선택이 싸움을 수행하는 메시야와 자유와 자신의 나라를 약속하는 메시아 간에 놓여 있다. 후자의 메시아는 자신을 잃는 것이 생명으로의 길임을 선언하는 신비스러운 예수이다.

대중들이 바라빠를 선호한 것이 어떤 이상한 점이 있는가?[7] 만약에 우리가 오늘날 선택해야만 했다면, 나자렛 예수, 마리아의 아들, 아버지 하느님의 아들이 기회가 있을까? 우리가 정말 예수를 잘 아는가? 우리가 그를 이해하고 있는가? 우리가 어제나 오늘이나 마찬가지로 다시 한 번 그와 친숙해지기 위해서 모든 노력을 하고는 있는가?

시험자는 우리가 악마를 경해해야 한다고 직접적으로 권고할 만큼 미숙하지 않다. 악마는 다만 우리가 무엇이 이성적인지를 결정하도

---

7) V. Messorie는 그의 중요한 책에서 이를 매우 자세히 논하고 있다. Pati sotto Ponzio Pilato (Turin, 1992), S. 52-62.

록, 계획된 그리고 철저히 조직화된 세계의 이점을 선택하도록 제안할 뿐이다. 이 조직화된 세상에서 하느님은 자신의 사적인 것에 관심을 가지나, 우리의 본질적인 문제 간섭하지 않도록 하는 것이다. 솔로비요프(Soloview)는 "세상에서 평화와 복지로 가는 열린 길"의 제목을 가진 책이 적그리스도가 쓴 것이라 하였는데, 이 책은 말하자면 새 복음서가 되며, 건강(well-being)과 합리적 계획에의 숭배가 실제적 내용이 된다.

우리가 이미 언급한 바와 같이, 똑같은 시험이 신약성서에서 그리스도에 대한 베드로의 고백 후에 다시 한 번 발생한다. 예수는 그리스도라는 베드로의 고백을 받아들이지만, 바라빠의 경우에서와 같이 오해를 막기 위해서 예수는 즉시 바로 제자들에게 사람의 아들은 많은 고난을 당하고, 거절되며, 죽으며 그리고 다시 부활할 것임을 가르친다. 성령을 받아 신앙을 고백한 베드로는 바로 전적으로 자신의 생각을 담은 담을 하며, 예수를 꾸짖는다. "주님, 안 됩니다. 결코 그런 일이 있어서는 안 됩니다."(마태 16,22 공동번역) 그리고 그는 다음의 대답을 들었다— 사탄아, 내게서 물러가라. 너는 나에게 걸림돌이다. 너는 하느님의 일은 생각하지 않고 사람의 일만 생각하는구나!"(마태 16,23)

하느님의 뜻은 인간의 뜻에 반대된다. 궁극적으로 이 시험에서 문제의 본질은 역시 사람을 하느님에서 벗어나 등을 돌리게 하는 것이다. 시험자에 대한 예수의 대답 "너는 주, 너희 하느님만을 경배하라, 그리고 그만을 섬겨라"는 구약성서의 중심, 이스라엘 쉐마(Shema Israel)를 생각나게 한다. 이는 또한 믿음과 기도의 중심이며, 따라서 신약성서와 그리스도 생활에서 중심을 차지한다. "이스라엘아, 들어라! 주 우리 하느님은 한 분이신 주님이시다. 너희는 마음을 다하고 목숨을 다하고 힘을 다하여 주 너희 하느님을 사랑해야 한다."(신명 6, 4-5) 유다이즘에서 이 구절의 암송문은 "하느님 나라의 멍에를 져라"고 기술되어 있다. 이것이 바로 여기서 일어나고 있는 것이다. 예수는 하느님의 첫째 뜻을 세우며 세상은 자신의 나라, 하느님의 나라라고 선포한다.

하느님이 통치하는 곳에서만이, 하느님이 이 세상에서 인정되는 곳에서만이 사람이 또한 존경을 받는다. 이런 곳에서만이 세상은 올바르게 된다. 예배의 제 일의 원리는 인간의 구원을 위한 근본적 필수조건이다.

이 세상에서 하느님의 능력은 고함과 울부짖음을 만들지 않고 조용히 역사한다. 시험의 일들만 아니라, 예수의 전 이야기가 이를 보여 준다. 그러나 이는 실체적이며 영원한 힘이다. 지속적으로 하느님의 큰 뜻은 '죽음까지의 싸움'에 있어 보인다. 그러나 이는 진실로 인내하며 구원하는 것으로 증명된다. 악마가 주께 보여 줄 수 있었던 세상의 모든 왕국들은 오래전에 사라져 버렸다. 그들의 영광- 그들의 doxa- 은 실체가 없는 환상으로 이미 결정이 났다.

그러나 주의 영광, 겸손과 그의 사랑인 자신을 희생하는 영광은 소멸되지 않았다. 사탄과의 싸움에서 그리스도는 승리자로 남았다. 천사가 왔으며 그에게 말하였음을 복음서는 보여 준다.(마태 4,11) 성년(The Holy Year)은 예수의 이 승리, 그의 변치 않는 영원한 영광을 발견하도록 초청하며, 우리 자신이 매일 일상의 결정에서 그의 영광에 인도함을 받도록 해 준다.

결론으로의 숙고: 생명을 선택하라

교회가 사순절을 시작함에 따라, 재의 수요일 다음 목요일을 위한 독서(reading)에서 전례는 그리스도교 존재의 근본적 결정을 다음 같이 요약한다- 시험은 우리 앞에 놓이며 어느 누구도 회피할 수 없는 선택이다. 신명기의 말씀에서 이는 다음과 같이 말한다. 보아라, 내가 오늘 너희 앞에 생명과 행복, 죽음과 불행을 내놓는다. 나는 오늘 하늘과 땅을 증인으로 세우고, 생명과 죽음, 축복과 저주를 너희 앞에 내놓았다.(신명 30, 15,19)

생명을 선택하라! 이것이 무엇을 의미하는가? 우리가 어떻게 이를 할 수 있는가? 생명이 무엇인가? 이런 일이 가능성을 갖고 있는가? 가능한 모든 것을 하며, 모든 것이 허용되며, 자신의 욕망의 한계 외에 다른 한계를 인정하지 않는 것, 모든 것을 소유하는 것, 모든 것을 할 수 있는 것, 삶의 기쁨의 구속받지 않는 것 이런 것들이 생명이 아닌가? 이것이 오늘날 모든 시대와 마찬가지로 그 유일한 해답이 되지 않는가?

그러나 우리가 우리의 세상을 바라보면, 우리는 이런 유형의 삶은 술과 섹스와 마약과 같은 지옥의 삶으로 결국 종말을 고함을 알며, 이런 명백한 삶의 선택은 다른 사람을 필연적으로 경쟁자로 보게 되며, 그리고 항상 내 것은 충분치 못하다고 느끼게 된다. 우리는 이것들이 곧장 죽음의 문화로 삶에서 고뇌하며, 우리가 오늘날 모든 곳에서 목격하는 자신을 좋아하지 않는 자아존중의 결여로 이끄는 것을 본다.

이런 선택의 번득이는 영광은 악마의 속임이다. 결국 악마는 진리에 대적한다. 왜냐하면 악마는 인간에 한 신(神)으로 다가선다. 그러나 이 신은 잘못된 신, 사랑이 없으며, 자기 자신만을 아는, 그리고 모든 것을 자신의 것으로 돌리는 신이다. 인간의 기준은 하느님이 아니라 우상이며, 이는 하느님과 같이 되고자 하는 시도에 있다.

이런 유형의 생명의 선택은 거짓이다. 왜냐하면 이는 하느님을 버리며 그리고 모든 것을 왜곡한다. "생명을 선택하라!" 다시 한 번 더 말한다. 이것이 무엇을 의미하는가? 신명기는 이에 대한 아주 간략한 답을 준다. "생명을 선택하라"는 "하느님을 선택하라"는 것을 의미한다. 왜냐하면 하느님은 생명이기 때문이다. "…주 너희 하느님의 계명을 듣고, 주 너희 하느님을 사랑하며 그분의 길을 따라 걷고, 그분의 계명과 규정과 법규들을 지키면, 너희가 살고 번성할 것이다…." (신명 30, 16) 생명을 선택하라 -하느님을 선택하라!

신명기에 따르면 하느님을 선택하는 것은 그를 사랑하며, 그와 생각과 마음의 교제를 하며, 그에 신뢰하며, 또한 그의 길을 따라 걷는 것을 의미한다. 재의 수요일 다음 목요일을 위한 미사는 신명기의 이 말씀과 루카복음(9,22-23)의 말씀을 결합한다. 즉 예수의 고난에 대한 예언이다. 이 고난으로써 예수는 베드로의 잘못된 메시야관을 수정하여 주며, 그러므로 잘못된 선택, 일반적 유혹을 거절한다. 주 예수는 그리고 우리에게 자신의 길에 대해 이 예언을 적용케 하며, 그리고 우리에게 우리가 어떻게 생명을 선택할 수 있는가를 가르쳐 준다. "정녕 자기 목숨을 구하려는 사람은 목숨을 잃을 것이고, 나 때문에 자기 목숨을 잃는 그 사람은 목숨을 구할 것이다. 사람이 온 세상을 얻고도 자기 자신을 잃거나 해치게 되면 무슨 소용이 있느냐?"(루카 9, 24-25)[8] 십자가는 생명을 부인하는, 기쁨 또는 사람으로서 존재의 충만함을 부인하는 것과 관계가 없다.

이와 반대로 십자가는 진정한 형식과 우리에게 어떻게 생명을 찾을 수 있는가를 보여 준다. 자기 생명을 붙잡으며 이를 지속적으로 지키고자 하는 사람은 생명을 잃는다. 오르지 자신을 잃는 것이 자신을 발견하는, 그리고 생명을 발견하는 유일한 길이다. 사람들이 자신을 버리며, 자신을 전적으로 내어주는데 용기를 가지면 가질수록, 이들은 자신을 잃어버리는 것을 더 배우게 되며, 그들의 삶은 더 위대하고 풍부하게 되어진다.

우리가 아시시의 성 프란치스코 (Francis of Assisi), 아빌라의 테레사(Teresa of Avila), 빈센트 드 폴(Vincent de Paul), 아스(Ars)의 목사들, 막시밀리안 꼴베(Maximilian Kolbe) 등을 생각하면 이들은 모두가 우리에게 생명에의 길을 가르쳐 주는 제자들의 예이다. 왜냐하면 이들은 우리에게 그리스도를 보여 주기 때문이다. 이들로부터 우리는 하느님을 선택하며, 그리스도를 선택하며, 그리고 생명을 선택하는 것을 배운다.

---

8) Romano Guardini는 그이 자서전적인 스케치에서 매우 인상적인 방법으로 이 신약성의 말씀이 대학생이 되었을 때 자신의 믿음의 위기에 자신의 삶을 돌아보도록 도왔는가를 그래서 그 때부터 자신을 위한 인생의 원리가 되었는가를 보여 준다. 이 말씀은 그의 후반의 저서에도 종종 등장한다. R. Guardini, Stationen and Rüblick: Berichte über mein Leben 여정과 회고: 나의 삶에 대한보고 (Mainz and Paderborn, 1995), S. 67ff.

6 장
일용할 양식과 성체 빵
성체축일축제 묵상

　세상에는 왜 그렇게 배고픔이 많은가? 왜 아이들은 배고픔으로 인해서 죽어 가는데, 어떤 이들은 풍요 속에서 질식하는가? 어째서 항상 가난한 라자로는 오늘날에도 부자의 문지방을 건너지 못하며, 부자의 식탁에서 떨어지는 빵 부스러기를 헛되이 쳐다보고 있어야만 하는가? 확실히 이는 지구가 모든 사람들을 위해서 충분하게 빵을 생산해 내지 못해서가 아니다. 서구 국가에서는 가격의 안정을 유지하기 위하여 땅의 소산을 파괴하는 데 대해 보조금을 지불한다. 그러나 다른 곳에서는 기아로 굶어 죽어 간다.

　인간의 이성은 삶에의 길을 찾는 데보다는 파괴하는 새로운 수단들을 찾는 데 수완이 풍부하다. 인간의 이성은 지구의 각 구석에 빵을 보내는 것보다 그곳에 파괴의 무기를 넘치게 배치하는 데 지략이 뛰어나다. 왜 모든 것이 이렇게 되었는가? 우리의 영혼이 영양실조에 걸려 있으며, 우리의 마음이 눈을 잃어 맹인이 보지 못하며,

강퍅하게 되었기 때문이다. 우리의 마음은 이성에 길을 보여 주지 못한다. 세계는 무질서에 있다. 왜냐하면 우리의 마음이 무질서 속에 있으며, 우리 마음에는 정의의 길을 보여 줄 수 있는 사랑이 결여되었기 때문이다.

우리가 이 모든 것을 숙고하면, 우리는 오늘의 복음(Lesung)의 말씀을 잘 이해한다. 이 말씀은 주께서 돌을 빵으로 만들라고 도전한 사탄에게 대항하여 대답하신 말씀이다- 성경에 기록되어 있다. "사람은 빵만으로 살지 않고 하느님의 입에서 나오는 모든 말씀으로 산다."(마태 4, 4)

모든 이에 빵이 주어지도록 하기 위해서는 먼저 인간의 마음이 자양분을 얻어야 한다. 정의가 인간 사이에 세워지기 위해서는 정의가 마음 가운데 자라야 하며, 그리고 정의는 하느님 없이, 하느님 말씀의 기본 양식 없이는 성장하지 못한다. 이 말씀이 육신이, 인간이 되었으며, 그래서 우리는 이 말씀을 받을 수 있으며, 이 말씀은 우리에게 양식이 될 수 있다. 인간이 하느님에로 도달하기에는 너무나 작기 때문에, 하느님이 친히 작아지셨다. 이로써 하느님은 우리의 식량이 될 수 있으며, 우리 그의 사랑을 영접되어질 수 있으며, 세상은 그의 나라가 된다.

이와 관계를 맺는 것은 다름 아니라 성체성혈대축일(聖體聖血大祝日)이다. 우리는 주님을, 육신이 된 주님을, 빵이 되신 주님을 우리의 도시와 마을의 거리에로 나른다. 우리는 그분을 게다가 우리의 일상생활 속으로 나른다. 거리들은 그분의 길이 되어야 한다. 그분은 장막 안에 갇혀서, 우리 옆에서 사는 것이 아니라, 우리들의 중심에, 우리의 삶 속에서 살아야 한다. 우리가 가는 곳에 그분도 가야 하며, 우리가 사는 곳에 그분도 거기서 살아야 한다. 세계, 일상생활이 그의 성전이 되어야 한다.

성체성혈대축일은 성체적 커뮤니케이션이 무엇을 의미하는지를 우리에게 보여 준다. 그를 받아들이며, 그를 우리의 전 존재를 받들어 모시는 것이다. 주님의 몸을 우리가 빵 한 조각을 먹는 것과 같이 쉽게 먹을 수 없다. 우리는 우리의 전 존재를 주님께 열 때에 비로소 그분의 몸을 받아먹을 수 있다. 사람이 주님을 위해 마음을 여는 것이다.

주님은 신비로운 요한묵시록에서 말씀하신다 - "보라, 내가 문 앞에 서서 문을 두드리고 있다. 누구든지 내 목소리를 듣고 문을 열면, 나는 그의 집에 들어가 그와 함께 먹고 그 사람도 나와 함께 먹을 것이다."(묵시 3,20) 성체성혈대축일 영적으로 듣는 것에 어려움이 있는 우리에게 주님의 두드리는 소리가 들리도록 해 준다. 축제 행렬을 통해 주님은 우리의 일상생활에 문을 크게 두드리며 그리고 요청한다 - 문을 열어라! 내가 들어가도록 해라! 나와 함께 사는 것을 시작하자. 이는 미사 동안 한순간에, 매우 빨리, 일어나지 않으며 그리고 그 이상 더 일어나는 것은 없다. 이는 모든 시간과 장소를 통해서 일어나는 과정이다.

주님은 말씀하신다. "내가 너에게 문을 연 것같이 너도 나에게 문을 열어다오. 세상이여 내가 들어가 너의 삐뚤어진 이성에 빛을 비추게 문을 열어다오. 내가 너의 마음의 딱딱함을 부드럽게 만들기 위해, 내가 너에게 문을 열기 위해 내 마음이 찢어지는 것을 허용한 것처럼 나에게 문을 열어다오. 내가 들어가게 해 다오." 주님은 이를 우리 각자에게 말하며, 주님은 이를 우리 전체 사회에 대해 말한다. "내가 너의 삶 속으로, 너의 세계로 들어가게 해다오. 나와 더불어 살아라, 그러면 너희들은 진실로 생명을 얻어 살아가는 것이다." -그러나 살아가는 것은 항상 '계속 건네는 것'(Weitergeben)이다.

  그러므로 성체성혈대축일은 주님의 우리를 향한 부름이나, 이는 또한 그를 향한 우리의 외침이다. 전체 축제는 대기도이다. 너 자신을 드려라. 우리에게 당신 진실의 빵을 주소서. 성체성혈대축일은 주님의 기도를 더 잘 이해하도록 우리에게 도움을 준다. 주님의 기도는 모든 기도 중의 기도이다. 네 번째 기도, 일용할 양식에 대한 기도는 하느님 나라에 해당하는 앞의 3개의 기도와 우리의 필요에 해당하는 뒷부분의 3개의 기도 사이의 연결고리이다. 이 기도는 두 기도를 서로 연결한다.
  우리는 무엇을 구해야 하는가? 분명히 오늘을 위한 양식이다. 이는 쌓아 놓은 보물과 자본에 의해서 사는 것이 아니라, 매일 하느님의 은총, 그러므로 그와 항상 교류 가운데 그를 항상 바라보며, 신뢰 가운데 살아야만 하는 제자의 기도이다. 이는 큰 재산을 모으려고 하지 않으며, 자신의 안전을 스스로 만들려고 하지 않으며, 오히려 필요한 것을 자족함으로 '진실로 중요한 것'에 시간을 갖는 사람들의 기도이다. 이는 평범한 사람, 겸손한 사람, 그리고 성령 가운데서 가난을 사랑하며 가난 가운데 살아가는 사람들의 기도이다.

  그러나 이 기도는 또한 더 깊은 의미를 갖는다. 왜냐하면 우리가 '매일'(daily)이라고 번역하는 단어는 그리스어를 제외하면 그 어느 곳에서도 발견되지 않는다-epioúsios. 이는 주님의 기도에서 나오는 한 단어이다. 그리고 많은 학자들이 기꺼이 이 단어의 중요성을 토론하고자 하지만, 이 단어는 적어도 다음 한 가지만은 의미한다. 우리에게 내일의 양식을 주옵소서, 즉 다가오는 세계의 양식이다.

사실, 단지 성체만이 이 비밀스런 단어 epioúsios가 무엇을 의미하는지에 대한 대답을 준다. 우리에게 이미 주어졌으며, 그러므로 이미 오늘 '내일의 세계'가 우리 가운데 시작되는 '다가오는 세계'의 빵이다. 그래서 이 간구를 통해 아버지의 나라가 오게 하시며, 땅이 하느님 나라같이 되기를 원하는 기도는 매우 실제적으로 된다. 성체를 통해서 하느님 나라가 땅에 임하며, 하느님의 내일이 오늘 임하며 그리고 내일의 세계는 오늘 안에 들어온다. 그리고 우리의 모든 악, 잘못 그리고 시험의 짐에서의 용서를 원하는 것도 실제적 이 성체에 요약되어 있다. 우리가 깨어 있으며, 악에 대해서 대적하며, 선과 악을 구별하며, 용서를 배우며, 시험 가운데 힘을 얻도록, 이 양식을 구해야 된다. 오직 '내일의 세계'가 약간은 '오늘'(Heute) 이 될 때만, 오직 이 세계가 이미 오늘 '하느님을 따르는' 것으로 되기를 시작할 때만 이 세계는 진정으로 '우리 인간의 것'(menschlich)으로 된다.

일용할 양식을 구함으로 우리는 '내일의 하느님', '이 세상의 변화'를 만난다. 성체로서 내일의 하느님은 우리를 만나며, 이로써 그의 나라가 이미 우리들 가운데 시작된다. 그리고 마지막으로 주님의 기도에서 모든 간청은 '우리'로 말하여졌음을 잊지 말자. 예수님을 제외하고는 어느 누구도 '나의 아버지'라 말 할 수 없다. 우리 모두는 단지 '우리 아버지'라고만 말할 수 있으며, 그래서 다른 사람과 더불어, 그리고 다른 사람을 위해 간청해야 하며, 우리에게서 벗어나, 우리를 열어야 하며, 그리고 그러한 열린 가운데서만 우리는 정말로 제대로 기도할 수 있다. 이 모든 것은 예수와 함께 동행하는 데서 말하여지며, 이는 또한 성체성령대축일의 특별한 상징이기도 하다.

주님께서 가파르나움의 회당에서 성체의 말씀을 마쳤을 때, 많은 제자들이 그를 떠나갔다. 이 모든 것이 그들에게는 받아들이기 어려웠으며 비밀스러웠다. 그들은 단순하게 정치적인 해결을 원하였다. 그 외 모든 것은 그들에게는 전혀 실제적이지 못하였다. 이는 오늘도 그러하지 않은가? 얼마나 많은 사람들이 지난 세기에 예수님이 그들에게 단지 실용적이지 못하다 하여 떠나갔는가? 그렇다면 그들이 무엇을 이루었는가를 보라.

주님이 오늘 우리에게 여기서 "너희도 가려느냐"고 묻는다면, 우리는 이 성체성령대축일의 날에 시몬 베드로와 함께 온 마음으로 대답하지 않겠는가. "주님, 저희가 누구에게 가겠습니까? 주님께는 영원한 생명의 말씀이 있습니다. 스승님께서 하느님의 거룩하신 분이라고 저희는 믿어 왔고 또 그렇게 알고 있습니다."(요한 6, 68-69) 아멘.

7 장
성체성사-친교-연대:
성체에서 그리스도 현재와 실제

본 글은 2002년에 베네벤토(Benevento) 관구에서 기념한 성찬회의를 기념하여 이루어졌다. 이는 교회의 내적 비밀인 성만찬의 성체와 그리고 교회의 실제적 사명, 다시 말해 나눔, 화해 그리고 통일과의 관계를 매우 심오하게 탐구하고 있다. 이러한 탐구는 성체성사에 참가는 자들로 하여금 성사(聖事)를 잘하며, 잘 기념하며, 그리스도의 새 계명을 적극적으로 따라 살도록 해 주는 데 있다: "서로 사랑하라"

성체성사(Eucharist)는 초기 교회에서는 종종 단순하게 아가페(agape)-'사랑', 또는 팍스(pax)-'평화'로 불리었다. 당시의 그리스도인은 주의 숨겨진 현재성에 대한 '신비'와 "평화주의를 실천하는, 그리스도인의 존재로서 평화의 실천"간의 분리할 수 없는 관계를 매우 주목할 만한 방식으로 표현하였다. 그래서 오늘날 일부 사람들이 서로 모순되는 것으로 보는 정통주의(orthodoxy)와 정행(orthopraxis)간, 진정한 진리와 진정한 행위간에 어떤 구별이 만들어지지 않았다. 반면에 보통 '진정한 실천'에 대해 오히려 약간의 경멸적인 암시가 있다. 즉 올바른 원리를 고집하는 자는 마음이 좁고, 완고하며,

잠정적으로는 관용이 없는 것으로 보였다. 사람들은 항상 원리에 대해서 서로 다툴지 모르지만, 궁극적으로 모든 것은 올바른 행함에 달려 있는 것으로 보인다. 이런 견해를 갖는 자들은, 중요한 것은 원리가 가져오는 열매이므로 '올바른 행위'에 이르는 데는 어떤 길을 택하던 문제가 안 된다고 말한다.

이와 같이 대조시켜 분리하는 것은 옛날 교회에서는 생각할 수 도 없었고 또한 받아들일 수도 없었을 것이다. 왜냐하면 정통주의(orthodoxy)는 '올바른 교리'를 전혀 의미 하지 않았기 때문이다. 오히려 정통주의는 "하느님을 예배하며 영화롭게 하는 올바른 방법"을 의미하였다. 따라서 초기의 그리스도인은 모든 것은 하느님과 올바른 관계에 있는 것, 하느님을 기쁘게 하는 것을 아는 것과, 그리고 어떻게 올바른 방법으로 하느님께 대답하는가에 달려 있다고 확신하였다. 이것이 왜 이스라엘이 율법을 사랑하는가에 대한 이유이다. 율법으로부터 사람들은 하느님의 의지가 무엇인가를 알았다. 이스라엘은 어떻게 의롭게 살며, 그리고 어떻게 하느님을 바르게 경배하는지를 알았다. 이는 바로 세상에 질서를 부여하는 하느님의 의지를 실천함으로써, 세상을 초월자에 개방함으로써이다.

이것이 그리스도인의 새 기쁨이다. 그리스도인들은 그리스도로부터 어떻게 하느님을 늘 영화롭게 하며, 그리고 어떻게 하느님을 그 영화롭게 함을 통하여 세상이 올바로 정립되는지를 알았다. 이 두 사실이 서로 함께 속하는 사실은 성탄 전날 밤에 천사에 의해서 울려 퍼졌다- "지극히 높은 곳에서는 하느님께 영광 땅에서는 그분 마음에 드는 사람들에게 평화!"(루카 2, 14)

하느님의 영광과 땅에서의 평화는 서로 분리될 수 없다. 하느님이 배제되는 곳에는 땅에서의 평화도 깨지며, 신을 인정하지 않는 정행(orthopraxis)은 우리를 구원할 수 없다. 왜냐하면 무엇이 올바른가에 대한 지식(Erkenntnis, knowledge) 없이 올바른 행위는 없기 때문이다. 지식이 없는 의지는 맹목적이며, 따라서 지식이 없는 행위, 정행도 맹목적이며 우리를 파멸로 이끈다. 마르크스주의의 최고의 속임은 다름 아니라 바로 우리에게 "우리는 세상에 대해서 더할 수 없을 만큼 충분히 숙고하였으며, 이제는 마지막으로 세상을 변화시킬 때"라고 말한 것이다. 그러나 우리가 변화시켜야 할 것을 모른다면, 우리가 그 변화가 가지고 있는 내용과 변화의 목적을 모른다면, 그렇다면 이 변화는 단지 파괴로의 변화이다 -우리는 이를 보아왔고, 앞으로도 또한 보게 될 것이다.

마찬가지로 반대의 현상, 즉 삶과 행위로 이어지지 않는 단순한 가르침·교리(敎理)는 무의미한 수다이며, 그러므로 마찬가지로 공허한 것으로 끝나 버린다. 진리는 구체적이다. '아는 것'과 '행하는 것'은 믿음과 삶이 함께 속하는 것과 같이 함께하여야만 한다. 이는 정확히 말해 베네벤토(Benevento)에서 가진 성찬례의 모토로, 성체성사-친교-연대의 단어의 연계를 염두에 두고 말한 것이다. 이어서 이 세 단어의 의미를 상세히 설명하고자 한다.

성체성사

'성체성사'(Eucharist)는 오늘날 -매우 적절한 표현인데- 그리스도께서 자신의 수난에 앞선 저녁에 세운 그의 살과 피의 성사(聖事)(Sacrament)에 대한 일반적인 이름이다. 초기 교회에서는 이 성사에 대해서 우리가 이미 보았듯이 일련의 다른 이름들이 있었다. 가령 아가페(Agape-사랑), 팍스(Pax-평화)와 같은 이름들이다. 이외에 또한 시나크시스(Synaxis-모임)라는 말도 있었다.- 이는 집회로 개개인의 회합이다.

개신교에서는 성사(聖事)는 '저녁만찬'(Abendmahl, Supper)으로 불렀는데, 이는 성서만이 유효하다는 루터의 견해를 따라 성서의 본래의 뜻으로 돌아가고자 한 것이다. 실제로 바오로의 서신들을 보면, 성찬례는 '주님의 식사'(Herrnmahl, Supper of the Lord)로 불리었다. 그러나 이 칭호는 곧바로 사라졌으며, 그 후 200년 이후 더 이상 사용되지 않았다는 것이 중요하다. 왜 그러한가? 이것이 루터가 생각한 것처럼 신약성서로부터의 이탈인가? 아니면 또 다른 중요한 무엇이 있는가?

물론 의심의 여지없이 그리스도가 식사의 범주에서, 특히 유대인이 행하는 유월절 식사의 일부로서 이 성사를 세웠으며, 그래서 처음에 이는 식사를 위해 식탁에 모이는 것과 연계되었다. 그러나 주님은 유월절 식사를 반복하도록 지시하지 않았다. 유월절 식사는 성사의 틀을 제공하나, 그분의 성만찬이 아니며, 또한 그분의 새 선물도 아니다. 이외에도 유월절 식사는 일 년에 단 한 번 행하여졌다. 더욱이 성체성사는 식탁에서의 모임의 의미를 벗어났는데, 이는 율법으로부터 구별되었고, 유대인과 이방인으로 구성되는, 특히 주로 이방인들로 구성되는 교회에 특별한 의미를 갖게 되었다. 식사와의 연계는 그러므로 바오로가 코린토전서에서 표현한 바와 같이 외부적으로만 드러나서 오해와 남용으로 이어졌다.

그래서 성체성사는 천천히 주님 자신의 선물로, 주님의 새로운 것, 영원한 것으로, 과거의 의미 관계로부터 벗어나 자체의 새로운 형식을 가짐으로 교회의 본질로 되어 갔다. 이는 성체성사가 한편에서 말씀예배와 연계되어 있기 때문이다. 이 예배의 모델은 유대인의 회당에서 행한 예배이다. 또한 다른 한편에서는 전례형식에의 주님의 말씀이 위대한 감사와 축복(Berakha)의 절정을 이루기 때문이다. 감사와 축복은 유대인의 회당의 전통에서, 그리고 유대전통 가운데서 하느님께 감사하며 영광을 돌리는 주님으로 부터 유래한다. 주님은 자신의 몸과 피를 희생함으로 이 감사에 새로운 심오함을 더하였다.1)

초기 그리스도인들은 최후만찬에서 일어난 본질은 어린 양(羊)을 먹거나, 또한 전통적인 의식이 아니라 바로 대찬양의 기도가 예수의 성찬의 전례의 말씀의 중심을 이루고 있음을 알았다. 말씀으로 주님은 자신의 죽음을 은혜로 바꾸었고, 이로써 우리는 그의 죽음에 대해 감사할 수 있다. 그렇다. 우리가 어떤 조건 없이 하느님께 감사하는 것이 가능하게 된 것은 그 끔찍한 것이 -구원자의 죽음과 우리 모두의 죽음- 사랑의 행위를 통해서 생명의 선물로 바뀌었기 때문이다.

그래서 마지막 최후의 만찬의 본질이 우리는 이를 성체성사기도로서 불리는 성찬(eucharistia)이 된 것이다. '성찬'(Eucharistia)은 Berakha(축복)의 번역이며, 따라서 이는 감사, 축복뿐만 아니라 찬양을 의미한다. Berakah(축복)는 예수의 최후 만찬의 본질적이며 중심 요소였다. 이 중심을 이루는 성찬기도(Eucharistic Prayer)는

---

1) 최후의 만찬에서의 Berakha(그리스어: eucharistia, 감사기도)와 성만찬의 대제사장기도에 대한 관계는 다음 책에 매우 잘 설명되어져 있다. L. Bouyer, Eucharistie: Théolgie et spritualité de la prière eucharistieuqe(Paris 1990).

그래서 직접적으로 자신의 고난을 앞둔 저녁에 한 예수의 기도에서 유래하며, 이는 새 영적인 희생의 중심이다. 그러므로 이는 교부들이 부분적으로 성체성사(Eucharist)를 단지 '기도'로서, 찬양의 '희생'으로, 영적인 희생으로 불렀는가에 대한 이유이다. 그러나 이 표현들은 물질화되어 물질을 바꾼다. 빵과 포도주는 예수의 몸과 피가 되며, 이는 부활의 때까지 영생을 위해 우리에게 자양분을 공급하는 새 양식이다.

그래서 이 모든 언어와 요소들 전체는 영원한 결혼식 만찬을 미리 보여 주는 것이다. 우리는 결론에 이르러서, 이 관계를 다시 한 번 살펴볼 것이다. 여기서 우리는 가톨릭 그리스도인으로서 이를 왜 그냥 저녁만찬(Abendmahl)이라 부르지 않고, 성체성사(Eucharist)로 부르는가를 이해하는 데 집중하고자 한다. 초기 막 탄생되기 시작한 교회는 이 성사에 천천히 특별한 모습을 부여하였으며, 성령의 인도함에 계속 올바르게 성찬을 이해하였고, 그 상징 가운데 본질적인 것을, 주께서 그날 저녁에 '시행한 것'을 올바르게 표현하였다. 따라서 바로 성찬(Eucharist)의 성사의 점진적 모습을 띠는 과정을 알게 되면, 성서와 전통과의 심오한 관계가 매우 잘 이해된다.

성서를 단순한 역사적인 기록물로 따로 분리하여 접근하는 것은 우리에게 본질적인 것에 충분한 통찰을 전달하지 못한다. 본질적인 것에 대한 통찰은 성서를 체험하고 있는 교회와의 산 관계에서 읽을 때 일어난다. 교회는 바로 성경의 깊은 영감을 이해하였고, 우리가 성경에 접근하는 것을 가능케 해 준다.

친 교

이 '성찬회의'에서 두 번째로 중요한 테마 친교-Communio-는 현재 상당히 유행하는 단어가 되어 버렸다. 이는 실제로 그리스도교의 전통에서 가장 심원(深遠)한, 그리고 근간이 되는 단어 중의 하나이다. 그러나 바로 이런 이유 때문에, 이 단어가 가지는 의미의 깊음과 넓음을 이해하는 것이 무엇보다 중요하다. 이에 대해 조심스럽게 개인 의견을 덧붙이고자 한다. 내가 몇 명의 친구들, -특히 앙리 드 뤼박(Henri de Lubac), 한스 우르스 폰 발타자르(Hans Urs von Balthasar), 루이스 보이어(Louis Bouyer), 메디나(Jorge Medina) - 과 함께 한 전문잡지를 만들어 공의회의 유산을 정립하며 발전시키고자 할 때, 우리는 이 간행물의 목적을 가능하면 한 단어로 축약하여 표현할 수 있는 이름을 찾고자 하였다. 이미 1965년 제2 바티칸 공의회의 마지막 해에, 공의회의 영원한 목소리와 정신이 될 것으로 기대되는 잡지가 만들어졌고, 이 잡지는 따라서 꼰칠리움(Concilium, 공의회)으로 명명되었다.

이때 한스 큉(Hans Küng)의 책 「교회의 구조」(Strukturen der Kirchen)가 이런 결정을 하는 데 역할을 한 것으로 보인다. 한스 큉은 Ekklesia (교회)와 Concilium 간에 동의성(同意性)을 발견했다고 믿었다. 그는 이 두 표현에는 그리스어의 '부르다'는 뜻을 가진 단어 kalein(부르다)이 숨어 있다고 주장하였다. 단어 Ekklesia는 그러므로 "큰 소리로 외치다"는 것을 의미하며, 반면에 다른 단어 Concilium은 "불러 모으다"를 의미한다고 보았다. 둘은 결국 같은 의미를 갖는다.

이런 어원상의 고려를 통해, 한스 큉은 교회(Church)와 공의회(Council)의 개념이 어떤 면에서는 동일하다고 추론하였다. 교회는 그 본질에서 본다면 세상에서 하느님의 진행중인 공의회이다. 교회는 공의회적으로 이해되며, 공의회의 유형으로 구체화되어 간다. 반대로 공의회는 '교회'의 가장 밀도 높은 현상이며, 말하자면 '행동 중인 교회'인 것이다.2)

교회가 이 세상에서 자신을 '하느님의 영원한 모임'으로 스스로 밝힌다는 생각을 과거에 어느 정도 갖고 있었다. 이런 생각에서 나오는 실제적 결과들은 물론 작은 것이 아니며, 이에 대한 매력은 매우 크며 직접적이다. 나는 여기서 한스 큉의 비전이 진실을 어느 정도 가지며, 진지하게 받아들여져야 한다고 생각되지만, 또한 상당한 수정이 필요하다는 결론에 이르렀다.

나는 여기서 당시 나의 연구 결과를 간단히 요약하고자 한다. 교회의 설립 시기에 교회와 공의회의 실제적인 이해에 대한 철학적 연구와 조사는 공의회가 교회의 중요한 '살아 있는 명시'(明示)이지만, 교회는 자체적으로 그 이상의 것이었으며, 그의 본질은 더 깊게 뿌리를 내리고 있음을 보여 주었다. 공의회는 교회가 하는 그 어떤 것이며, 그러나 교회는 공의회가 아니다. 교회는 무엇보다 조언과 권고를 하는 데 있는 것이 아니다. 오히려 교회는 우리에게 주어진 말씀에 생명을 주는 곳에서 존재한다.

교회의 본질을 묘사하는 가장 적절한 개념으로서 나는 라틴어 konionia-Communio를 들고자 한다. 교회는 공의회들을 지지하며, 교회는 친교(communion)이다 라고, 나는 당시 나의 연구 결과의 본질을 요

---

2) H. Künig, Strukturen der Kirche 교회의 구조 (Freiburg 1962). 특히 19-23.

약하였다.3) 교회의 구조는 그래서 '공의회'보다 친교(communion)로 더 잘 기술된다. 내가 1969년에 「하느님의 새 백성」(Das neue Volk Gottes) 라는 책에서 이러한 생각을 세상에 밝혔을 때에 친교라는 단어는 신학과 교회계(界)에서는 중요한 역할을 하지 못하였다. 이 주제에 대한 나의 생각은 따라서 거의 주목을 받지 못하였다. 그러나 이는 새 잡지의 제목을 찾는 데 있어 오히려 유리한 상황이 되어서, 이 잡지를 우리는 마침내 'Communio'(친교)로 명명할 수 있었다.

이 개념이 1985년 세계주교회의를 거쳐 비로소 공중의 넓은 주목을 받게 되었다. 그때까지 '하느님의 백성'(Volk Gootes, people of God) 단어가 교회에 대한 새 핵심 용어로서 여겨졌으며, 이 표현이 바로 제2 바티칸의 의도를 잘 요약한 것으로 믿어졌다. 이는 또한 만약에 이 표현이 완전한 성서적 의미에서, 그리고 공의회(Council)가 사용하는 넓은 문맥적 관계에서 이해되었다면 무리 없이 선택되었을 것이다.

그러나 어떤 한 당당한 의미를 담고 있는 단어가 슬로건이 되어 버리면, 그 의미는 필연적으로 좁아지며, 실제로 왜소하게 된다. 그래서 1985년 주교회의는 단어 친교(communio)를 중심에 놓고자 새로운 시도를 추구하였으며, 단어 '친교'는 먼저 교회의 성찬의 중심을 언급하며, 그래서 예수와 사람들 간의 만남의 가장 친밀한 장소로서 교회에 대한 우리들의 이해는, 자신을 우리에게 내어주는 예

---

3) J. Ratzinger, Das neue Volk Gottes. Entwürfe zur Eklesiologie 하느님의 새 백성. 교회학 개론 (Düsseldorf 1969) 147-170. 또한 R. Ratzinger, Kirche, Ökumene und Politik 교회, 교회일치운동과 정치 (Einsiedeln 1987). 16ff에서 친교-교회학의 기본틀을 연구하였다.

수의 행위에 뿌리를 내렸다.

신약의 이런 위대한 근본이 되는 단어가 소외되어, 그리고 큰 유행 단어로서 사용되어지며, 좁혀지며, 또한 축소되어지는 것은 어쩔 수 없다. 오늘날 '친교의 교회학'(ecclesiology of communion)에 대해서 말하는 사람은 보통 두 가지를 의미한다- ① 이들은 '다원론자' 또는 '연방주주의자' 교회학을, 다시 말해 교회의 중앙집권주의자 개념과 대비하려고 한다. ② 이들은 미사, 훈련과 교리에서 문화적 형태 표현의 다원주의뿐만 아니라 교환의 주고받는 것에서 지역교회들의 내적 연계성을 강조하기를 원한다.4)

이런 경향이 개별적으로 다루어지지 않아도, 친교(communio)는 여전히 수평적 의미에서 -소속의 복합적 네트워크로서 잘 이해되고 있다. 교회의 친교(communion)- 구조의 개념은 위에서 언급한 공의회적 비젼과는 거의 구별할 수 없다. 수평적 구조가 지배적이다. 상당한 범위에서 단체 내에서의 자율적 결정의 원리가 강조된다. 따라서 지금 당연히 매우 진실된 것들이 많이 있다. 그러나 그 기본적 생각은 올바르지 않으며, 따라서 이 접근의 지지자들은 1985년 세계주교회의뿐만 아니라, 신약성서 그리고 제2 바티칸공의회가 말하기를 원한 깊은 진실을 보지 못하였다.

친교(communio)라는 단어의 중심이 되는 의미를 명확히 하기 위해서, 나는 간단히 신약성서에서 친교에 대한 진실로 위대한 두 구

---

4) 이런 유형의 교회학의 친교communio에 모델은 - 보통 사용에서 조잡해져 있다 - 다음 책에서 잘 설명되고 있다. J.-M. R. Tillard, Église d'église: L'Ecclūsiologie de communion (Cerf. 1987)

절을 간단히 언급하고 싶다. 첫 번째 구절은 1 코린토, 10장 16-17절이다. 바오로는 우리에게 말한다. "우리가 축복하는 그 축복의 잔은 그리스도의 피와의 교제(Gemeinschaft, 그리스어 koinonía; 라틴어 communicatio)가 아닙니까? 우리가 떼는 빵은 그리스도의 몸에 동참하는 것이 아닙니까? 빵이 '하나'이므로 우리는 여럿일지라도 '한' 몸입니다. 우리 모두 '한' 빵을 함께 나누기 때문입니다."

친교(communio)의 개념은 첫 번째로 성체성사의 가장 축복받은 성사로 정착되어 있다. 이는 왜 우리가 여전히 교회의 표현을 빌리자면 이 성찬의 전례의 설명을 단순히 "성찬의 전례에 참가"(kommunizieren)로 표현하는가에 대한 이유이다. 이런 성례전행사에의 가장 실용적인 사회적인 중요성은 따라서 명확하여지며, 그리고 이는 좀 극단적으로 말하면 단순히 수평적 시각에서는 달성될 수 없는 것이다. 우리는 이 성사를 통하여 예수님과의 '피의 공동관계'(Blutgemeinschaft)에, 피는 히브리사람의 전통에 따르면 '생명'을 대표하는 데, 들어간다고 말하여져 왔다. 그러므로 이 구절은 그리스도의 생명과 우리 생명간의 상호의존을 선언한다.

피는 물론 성체성사와 관련하여 희생을 동시에 모두 비워내는, 우리를 위해, 그리고 우리에게 희생하는 존재를 대표한다. 그래서 피의 교제는 이 생명의 "흘린 피"의 역동성에의 관계하는 것이다. 우리 존재는 이러한 방식으로 힘을 얻어 역동화되며, 생명은 "다른 사람을 위한 존재"로 되며, 이는 우리가 우리 눈으로 그리스도의 찢어진 심장에서 보는 것과 같다. 많은 점에서 빵에 대한 단어들이 이목을 끈다. 바오로가 남자와 여자가 한몸이 되는 것을 비교한 것처럼, 빵은 그리스도와의 한몸을 이루는 것을 대표한다.(1 코린, 6, 17f;

에페 5, 26-32)

　바오로는 다른 시각에서 이를 다시 밝히고 있다. 즉 그는 "우리가 모두가 받는 것은 하나의, 그리고 똑같은 빵이다. 이는 매우 엄격히 표현하자면 하느님이 우리에게 선물한 만나, 그 '새로운 빵'은 우리 모두를 위한 하나의, 그리고 같은 그리스도이다. 이는 실로 우리가 성체성사에서 만나는 그 하나의 '같은' 주이다. 아니 다시 '우리를 이해하며 받아주는 분'이라고 함이 더 좋을 것이다."

　아우구스티노는 이를 한마디로 표현하였는데, 이는 그가 어떤 이상(理想, Vision)중에 받은 말씀이다. 강자의 빵을 먹어라, 그러나 너는 내안에서 변화되지 않을 것이며, 내가 너를 내안에서 변화시킬 것이다.5) 다른 말로 표현하면, 우리가 취하는 육체적 영양분은 몸에 의해서 흡수되며, 우리 몸의 성장요소가 된다. 그러나 이 빵은 다른 유형의 빵이다. 이는 우리 자신보다 크며, 더 큰 내용을 갖는다. 우리가 이 빵을 우리 체내에서 흡수하는 것이 아니라, 이 빵이 우리를 그 자신에 흡수한다. 그래서 우리는 그리스도를 닮아가며, 바오로가 말한 바와 같이 그 지체의 부분이 되며, 그 안에서 연합된 하나가 된다.

　우리 모두는 '같은 것'뿐만 아니라 '같은 사람'(denselben)을 "먹는다." 우리는 우리 자신의 폐쇄된 개인에서 깨져 나와 한 커다란 지체로 들어간다. 우리 모두는 그리스도 안에서 동화되어지며, 그리스도와 교제를 통해, 우리 모두 서로 간에 정체성을 갖게 되며, 일체화되며, 그리고 그리스도 안에서 하나가 되며, 지체에 서로 연계

---

5) Confessiones 고백록 VII, 10.16

된다.

그리스도와 교제는 그 본질에서 보면 따라서 서로 간의 교제이다. 우리는 서로 나뉘어져 존재하며, 모두가 자기 자신을 위해 존재하는 것이 아니라, 교제하는 모두 각자가 나를 위해, 다시 말해 "내 뼈에서 나온 뼈요 내 살에서 나온 살이로구나!"(창세기 2,23)이다. 그러므로 교제의 진정한 정신은 그리스도교의 깊은 뜻과 함께 사회적 성격도 필요하다. 이에 대해 이미 반세기 전에 앙리 드 뤼박(Henri de Lubac)은 그의 책 '가톨리시즘'(Catholicism)에서 매우 훌륭하게 지적하였다. 이러한 이유로 나의 친교 기도에서, 한편에서는 전적으로 그리스도를 바라보며, 그리스도에 의해 내 자신이 변화되도록 허용하며, 그리고 필요하다면 내 자신이 그의 사랑의 불에 활활 타도록 하게 해야 한다. 그러나 정확히 이런 이유 때문에 나는 그리스도가 모든 다른 교제에 함께하는 동참시키는 것을 알아야 한다, 가령 나를 좋아하지 않는 사람들과의 교제이다. 그러나 멀리에 있는, 아시아·아프리카·아메리카 또는 그 외 어떤 장소에 있는 자들도 마찬가지이다. 나는 그리스도와 하나가 됨을 통해 그들에게 나 자신을 여는(open) 것을, 그들의 상황에 관계하는 것을 배워야 한다. 이것이 바로 나의 그리스도에 대한 사랑에 대한 진정성의 테스트이다.

내가 그리스도와 연합이 될 때마다 나는 내 이웃과 연합되었다. 그리고 이 연합(하나 됨)은 교제로서 끝이 나는 것이 아니라, 오히려 바로 시작을 말한다. 이 교제는 살아 있는 것이 되며, 다른 사람과 함께하는, 다른 사람에 의해 지지되는 나의 매일의 삶에서 살과 피가 된다. 그래서 내가 하는 개개의 교제와 '존재와 삶'이 교회와 구별할 수 없이 서로 얽혀져 있다.

교회는 일종의 느슨한 교제의 연합으로서 생겨나는 것이 아니다.

교회는 하나의 빵, 한 분의 주(the Lord)로부터 기원하며, 그리고 세상 어느 곳에서도 하나의 그리고 유일한 교회이며, 하나의 빵으로부터 나오는 하나의 지체이다. 교회는 하나의 중앙정부의 형태를 통해서 하나가 되는 것이 아니라, 교회는 자신을 하나의 빵을 통해 하나의 지체를 만든 한 분의 주(the Lord)로부터 기원하기 때문에, 모든 사람을 위한 공동체 중심이 되는 것이 가능하다. 이것이 바로 교회 연합이 어떤 인간의 조직보다 더 오래 심오하게 되며, 지속되어 갈 수 있는 이유이다. 바로 성체성사가 주님과의 모든 연합체의 내면에 깊게 인식되어질 때 비로소 이는 자동적으로 최고 수준의 '사회성사'(a social sacrament)로 되어진다.

사회적으로 헌신한 위대한 성인은 따라서 항상 위대한 성체성사의 성인이었다. 나는 여기서 무작위로 선택하여 두 예를 들고자 한다. 첫째로 성 마르띠노 데 포레스(Martin von Porres)이다. 그는 1569년 페루 리마에서 흑인(아프리카) 어머니와 스페인계 귀족 간에 태어났다. 마르띠노(Martin)는 성체성사에서 현존하는 주의 경배 가운데서 살았으며, 십자가 예수 앞에 밤새 기도로 시간을 보냈으며, 반면에 낮에는 지칠 줄 모르게 병든 자를 간호하였고, 특히 사회적으로 약자인, 자신의 경우처럼 혼혈인들을 지원하였다. 십자가에서 자기 자신을 우리에게 내어주며, 우리 모두를 하나의 빵을 통해 한몸의 지체로 만든 주 예수와의 만남은 당연히 고통받는 자를 섬긴 것으로, 약자와 잊혀진 자들의 돌봄으로 되었다.

우리의 시대에 마더 테레사 수녀(Mother Teresa of Calcutta)의 이미지는 바로 우리 눈앞에 놓여 있다. 그녀가 죽어 가는 자들과, 의지할 곳 없는 자들을 돌보기 위해 수녀의 집을 열 때마다, 그녀가 요구한 첫 번째 것은 '이동 경당'(tabernacle)를 위한 장소였다. 왜냐하면 그녀는 바로 이런 봉사를 위한 힘은 바로 예배처에서 나옴을 알았기 때문이다. 경당(tabernacle)에서 주를 아는 자는 고난받는 자와 가난한 자들에서 주를 만나게 된다. 주는 바로 '세상 심판관'이시며, 다음과 같이 말하는 사람들 가운데 계신다- "너희는 내가 굶주렸을 때에 먹을 것을 주었고, 내가 목말랐을 때에 마실 것을 주었으며, 내가 나그네였을 때에 따뜻이 맞아들였다. 또 내가 헐벗었을 때에 입을 것을 주었고, 내가 병들었을 때에 돌보아 주었으며, 내가 감옥에 있을 때에 찾아 주었다."(마태 25, 35-36)

매우 짧게 나는 친교(koinonia)와 관련하여 신약성서의 두 개의 주요한 구절을 언급하고자 한다. 이는 바로 요한일서(1, 3-7)의 서두에서 발견된다. 서신의 저자 요한은 먼저 자신에게 선물로 주어진 '말씀이 된 육신'과 만남에 대해서 말한다. 요한은 자신의 눈으로 본 것을, 자신의 손으로 만져 본 것을 계속하여 전달한다고 말할 수 있다. 이 만남은 그에게 아버지와, 그의 아들 예수 그리스도와의 친교(koininia- communio)의 선물을 주었다. 이것이 진실한 교통과 참여되었다. 살아 계신 하느님과의 이 교제는 사람들을 빛으로 인도한다고 요한은 말한다. 그 사람은 '볼 수 있는 사람'이 되며, 빛에서 살며, 다시 말해 하느님의 진실에서 산다. 하느님의 진실은 하나의, 모든 것을 포용하는 계명 -사랑에의 계명에 표현되었다.

그래서 '생명의 말씀'과의 친교는 자동적으로 정의로운 삶이 된다. 이는 사랑이 된다. 게다가 이는 다른 사람과의 친교가 된다 -"만약에 예수가 빛 속에 계신 것처럼, 우리가 빛 속에서 살아가면, 우리는 다른 사람과 친교(koinonian, communionem)를 나누게 된다."(요한일서 1, 7) 이 구절은 이미 우리가 바오로에서 본 것과 같은 친교의 같은 논리를 보여 준다. 예수와의 교통(communication)은 하느님 자신과의 친교, 빛과 그리고 사랑과의 친교가 된다. 이런 방식을 통해 이는 올바른 삶으로 되며, 이 모든 것은 우리를 진실로 하나가 되게 한다. 우리가 친교의 깊음과 넓음을 이런 방식으로 볼 때에만 우리는 세상을 향해 말할 수 있는 뭔가를 갖게 된다.

연 대

마지막으로 세 번째 단어 '연대'(solidarity)를 보고자 한다. 앞의 두 단어, 성체성사와 친교는 성서와 그리스도교 전통에서 유래한 반면, 연대는 외부로부터 유입되었다. 연대의 개념은 대주교 폴 꼬드(Paul Cordes)가 설명하는 것처럼, 그리스도교적 자비의 반대개념으로 사회주의자 롤르(Fahter Lerou, 1871 사망)의 초기 사상에서 발달하였으며, 이는 사회 문제에 대한 새로운, 합리적인 그리고 효과적인 대응으로 되었다.[6]

칼 마르크스(Karl Marx)는 그리스도교가 자신의 능력을 보여 주기 위해서 1천5백년의 시간이 걸렸으며, 이제는 충분히 자신의 비효율성을 인식하였다고 선언하였다. 지금 새 측정 도구가 취해져야 한다. 수십 년 간 많은 사람들은 연대의 개념으로 요약되는 사회주의 모델이 드디어 모든 사람을 위한 평등을 달성하며, 빈곤을 제거하며, 그리고 세계에 평화를 가져오는 길이라고 믿어 왔다. 오늘날 우리는 그러나 하느님이 없는 사회이론과 실행으로 황폐화된 풍경의 파편들을 찾아볼 수 있다.

---

6) P.J. Cordes, Communio: Utopie oder Programm? 친교: 유토피 또는 프로그램?

시장경제의 자유주의 모델이 세계의 일부 지역에서, 특히 그리스도교적 사회사상의 영향으로 완화되고 보정(補正)된 지역에서 더 많은 성과를 가져왔음을 부인할 수 없다. 세계 강국들의 대결과 그리고 경제 이해관계에 의해서 남겨진 유산들은, 특히 아프리카에서 자유 모델로 인하여 더 비극적이다.7) 발전도상국가 모델의 피상적인 연대 뒤에는 자신들의 권력과 이데올로기, 자신의 시장 몫을 확장하려는 욕망이 숨어 있다. 이런 과정에서 옛 사회 구조는 파괴되었으며, 정신과 도덕의 힘은 고갈되었고, 이로써 그 결과들은 우리들의 귀에 엄청난 비난으로 들려온다.

하느님 없이는 일이 되지 않는다. 하느님이 우리에게 그의 얼굴을 보여 주며, 그의 이름을 말하며, 그리고 오직 그리스도 안에서 우리와 친교를 맺기 때문에, 궁극적으로 그리스도 없이 일은 이루어지지 않는다.

근대 세기 동안에 그리스도교인들이 역시 무거운 빚을 졌다는 데에는 의문이 없다. 노예제와 노예무역은 우리 역사에서 한 슬픈 역사의 한 장으로 남아 있다. 이러한 관행들은 그리스도인들이 얼마나 그리스도인답지 못하였는지를, 그리고 그들이 믿음과 복음의 사랑에서 예수 그리스도와의 참된 친교에서 얼마나 멀리 멀어졌는지를 보여 준다.

반면에 많은 신부들과 수녀들의 믿음이 충만한 자비와 겸손한 헌신은 이에 균형점을 제공하며, 착취의 공포를 제하지는 못하지만 그래도 이를 경감하는 사랑의 실천 언약을 유산으로 남겼다. 우리는

---

7) 이런 비극에 자유자본주의 체계의 잔혹성에 대한 분석은 P. Scholl-Latour 의 저서에서 볼 수 있다. Afrikanische Totenklage: Der Ausverkauf des Schwarzen Kontinents 검은 대륙의 매각 (München 2000)

이런 증거들을 증진시켜야 되며 또한 계속해서 이 길을 따라야 한다.

이런 노선과 더불어 연대성의 개념은 서서히 변화되었고, 그리고 최근에 특히 사회 정의에 대한 교황 성하(聖下)의 교서에서 보면 그리스도교화되었다. 그래서 오늘날 우리는 정당하게 연대를 성찬과 친교의 주제들과 함께 다룰 수 있다. 이런 의미에서 연대는 서로 간을 위해 지원하는 것을 의미한다. 건강한 자가 아픈 자를, 부자가 가난한 자를, 북부의 부자 나라들이 남부의 가난한 나라들을 지원하는 것이다. 여기서 우리는 상호 책임에 대한 지식을 갖으며, 우리가 받는 것을 주며, 우리에게 주어진 것을 단지 주는 것이며, 그러므로 우리에 속한 것이 단지 우리만을 위한 것이 아니라는 의식을 갖고 있다.

오늘날 우리는 기술적인 노하우, 지적인 지식과 그리고 이론이나 구체적인 정치구조의 실제적 예들을 전달하는 것만으로는 충분치 않음을 안다. 만약에 여기에 이런 기술적 구조에 불어넣는, 이를 응용하는데 책임성을 주는 정신적 힘에 대한 지각이 없다면, 이와 같은 것들은 이롭지 못하며, 심지어는 해롭기까지 하다. 계몽이 상당한 정도로 전통적 종교를 파괴하는 것은 쉽다. 전통적 종교들은 자신들의 최고의 요소들을 빼앗기고 하위 문화로 연명하며, 사람들에, 신체들에, 영혼들에 미신적 체계로서 해를 끼칠 수 있다. 이런 종교들의 핵심을 구출하며, 이들을 그리스도에 열리게 하여 접하게 하며, 그러므로 그들 자신들에 소재하고 있는 조용한 기대를 목표에 이르도록 하는 것이 필요했을지 모른다. 이런 정화와 발전의 과정을 통해 지속성과 발전이 긍정적으로 연합되었다. 미션이 성공적인 곳에서 그들은 실제에서 이런 길을 따랐으며, 그러므로 우리가 매우 급히 필요로 하는 믿음의 힘을 개발하는 데 도움을 주었다.

1960년대와 1970년대의 위기 동안에 많은 선교사들이 사명, 다시 말해 예수그리스도의 복음의 선포가 더 이상 좋은 기회를 얻고 있지 못한다는 의견을 가졌다. 지금 이는 단지 사회 발전을 목표로 하는 단순한 서비스 제공이 되었다. 그러나 만약에 우리가 하느님과 관련하여 문맹이 된다면 어떻게 긍정적 사회 발전이 이루어질 수 있는가?

민족과 종족들이 자신들의 종교를 간직하여야 하며, 우리의 종교와 갈등을 받지 말아야 한다는 암묵의 가정은 이런 사람들 믿음이 선의에 대한 높은 수준의 배려에도 불구하고 차갑게 자리 잡고 있음을 보여 준다. 따라서 이들의 주와의 교제가 더 이상 살아 있지 못하다. 그 외 하느님으로부터 사람들을 배제하는 것이 어떻게 좋은 일이라고 말할 수 있는가?

종종 인식되지 못하는데, 본질은 종교에 대한 경멸이며, 그렇게 보일지 모르지만 다른 종교에 대한 존경이 결코 아니다. 종교는 인류에게 장소에 남겨진 고대의 흔적으로 여겨졌다. 이는 그러나 궁극적으로 발전의 목적과는 무관하다. 아마도 종교가 말하며 행하는 것은 본질적으로 무관한 것으로 보인다. 그들은 합리적인 영역에서 제외된 것으로 생각되어졌으며, 이 내용들은 최종적으로 중요치 않다. 이런 경멸의 기초에서 기대되는 '정통적 시행'(orthopraxis)은 모래 위에 세워진 것이다.

이런 잘못된 유형의 사고를 버릴 때가 되었다. 우리는 어떤 다른 이유에서가 아니라 바로 그리스도 예수에 대한 믿음이 이성과 종교를 함께 연합시키기 때문에, 예수 그리스도에 대한 믿음이 필요하다. 그러므로 믿음은 우리에게 책임에 대한 기준을 제공하며, 이런 책임에 따라 살아가기 위해 필요한 힘을 내어준다. 물질 및 정신적 영역에서, 윤리와 그리고 종교적 영역 등 모든 수준에서 함께 나누는 것이 바로 민족과 대륙 간의 연대 부문이다.

우리가 앞으로도 경제가 특별한 국가나 또는 국가 중 특별 단체의 자신들의 이해가 아니라, 전 세계의 복지를 기준이 되도록 하는 방식으로 경제를 발전을 발전시켜 나가야 됨은 분명하다. 이 일은 분명 어려우며, 결코 완전하게 성취될 수 없을 것이다. 이는 우리로 하여금 희생과 결단을 요구한다. 그러나 실제로 믿음에 의해서 지원되는 연대 정신이 발생하게 되면, 비록 항상 불안전하지만 이 일이 가능하게 된다.

이런 논의에 세계화의 주제가 딱 들어맞을 것이다. 그러나 나는 이 문제를 여기서 깊이 다루지 않는다. 오늘날 우리 모두가 서로 의존하여 있다는 것은 분명하다. 그러나 특별히 자신의 이해만을 생각하는 유형의 세계화가 있다. 이와는 달리 모든 당사자가 서로 간에 실제적인 책임을 지며, 그리고 다른 사람의 짐도 지는 세계화가 있어야 한다. 이 모든 것들이 단순히 시장의 기계적 원리에 의존하여 가치중립적인 방식으로 시행되어질 수 없다. 시장 결정에서 확정적 요소로 전부터 존재하는 가치가 항상 크게 작용한다.

이러한 점에서 우리의 종교와 도덕적 지평선은 항상 중대하다. 만약에 기술과 경제에서 세계화가 하느님에 대한 자각에 대한 공개성이 함께 수반되지 않는다면, 세계화는 파멸로 끝나게 된다. 하느님 앞에 우리 모두는 책임을 진다. 이는 오늘날 그리스도인에게 부여된 최고의 책임성이다.

그리스도교는 항상 한 분의 주님, 우리를 한 지체로 묶으려는 하나의 빵으로 인류의 통일이라는 관점을 늘 갖고 왔다. 만약에 지금까지 상상할 수 없는 인류의 외부적 통일이 실현되며, 우리가 그리스도인으로 실패를 하며, 우리가 더 이상 아무것도 줄 수도 줘서도 안 되게 된다면, 그렇게 되면 우리는 무거운 짐을 지게 된다. 왜냐하면 하느님 없이 이루어지는 어떤 종류의 통일이든, 심지어 하느님을 대적하는 통일이든, 이 모두는 바벨탑의 실험과 같이 종말을 고한다. 즉 완전한 혼란, 파괴 그리고 증오와 만인의 만인에 대한 폭력이다.

전망: 변화의 전례로서의 성체

이제 가장 성스런 성체로 돌아가자. 그리스도가 배반을 당하는 밤에 정확히 무슨 일이 일어났는가? 로마 교회의 성체의 기도인 '로마 성찬제정문'(Roman Canon)을 들어 보자.

> 그가 수난을 받기 전날에 예수는 그의 성스러우며 명예의 가치를 지닌 손에 빵을 잡고, 하늘을 향하여, 당신을 향하여, 그의 전능한 아버지를 향하여 눈을 높이 들고, 그는 당신에 감사와 찬양을 하고, 빵을 나누어 이를 제자들에게 주면서 말하였다― "모두들 이것을 받아먹으라. 이것이 너희들 모두에게 주는 내 몸이다."
> 만찬이 끝나자 그는 다시 그 성스런, 그리고 명예의 가치가 있는 손에 잔을 들고, 감사와 찬양을 드리고 그 잔을 제자들에게 주고 말하였다― 모두들 이 잔을 받아마셔라. 이것은 나의 피의 잔이며, 그리고 새 그리고 영원한 언약의 피다. 이는 당신과 모두를 위해 흘린 피로 죄 사함을 위함이다. 나를 기념하여 이를 시행하라.

이 말들에서 무슨 일이 일어나고 있는가? 첫째로 무엇보다 단어 '변화'(transformation)가 마음에 들어온다. 빵이 몸, 그의 몸이 된다. 지상의 빵이 하느님의 빵, 하늘로부터 오는 만나가 된다. 이 만나로 하느님은 지상에서의 삶을 초월하여 부활에 이르기까지 사람들을 먹여 살리는 만나이다. 부활은 준비되며, 실제로 이미 시작되었다. 돌덩이를 빵으로 바꿀 수도 있으며, 돌덩이로 아브라함의 자녀로 일으켜 세울 수 있는 주님은 기꺼이 빵을 몸, 자신의 몸으로 바꾸기를 원했다. 이것이 가능한가? 어떻게 이런 일이 이루어질 수 있는가? 가파르나움의 회당에서 사람들이 가졌던 의문이 우리에게도 필연적으로 똑같이 제기된다. 그는 여기 그의 제자들 앞에 그의 몸을 가지고 서 있다. 그런데 그가 어떻게 빵에 대해서 "이것이 내 몸이다"라고 말할 수 있는가? 주님이 실제로 말한 것에 집중하는 것이 중요하다. 그는 단순히 "이것이 내 몸이다"라고 말하지 않고 오히려 "이것이 너희 모두에게 주어지게 될 내 몸이다"라고 말하였다. 이는 포기되어진 것이기 때문에 선물로 될 수 있다. 자아를 드리는 행위를 통해서 이는 나누어 줄 수 있는 것으로 되었고, 그리고 자신이 선물로서 변화되었다.

우리는 여기서 잔에 대한 말에서도 동일한 것을 발견할 수 있다. 그리스도는 단순히 "이것이 내 피다"라고 하지 않고, 오히려 "이것이 너희를 위해서 흘리게 될 피다"라고 말하였다. 피가 흘려지고, 피가 쏟아 부어지는 한, 이는 나누어 줄 수 있게 된다.

그러나 여기서 새 질문이 제기된다 – "포기하다", 그리고 "흘리다"가 무엇을 의미하는가? 여기서 무슨 일이 일어나는가? 분명히 예수는 죽임을 당하며, 십자가에 못박히며, 그리고 십자가에서 고통 가운데에서 죽는다. 그의 피는 먼저 그의 사명으로 고뇌한 올리브산에서 먼저 흘리며, 그리고 채찍질에, 가시면류관에, 십자가에 달림에, 그리고 그의 죽음 후 심장이 찔림에 차례로 흘러내린다. 여기서 먼저 일어난 일들은 무엇보다 고문하며 파괴하는 폭력과 증오의 행위들이다.

이 시점에서 우리는 두 번째의 좀더 깊은 변화의 수준을 대면한다. 예수는 자신에 대한 사람들의 폭력 행위를 자신의 내면으로부터 이 사람들을 위한 희생의 행위 -사랑의 행위로 변화시킨다. 우리는 이 극적인 것을 올리브산의 기도의 싸움에서 볼 수 있다. 그가 산상설교에서 말한 것을 그는 실천한다. 그는 폭력에 대해 폭력으로 대할 수 있었지만 그렇게 하지 아니하고, 폭력을 사랑으로 변화시킴으로써 폭력에 종지부를 찍었다. 살해와 죽음의 행동이 사랑으로 바뀌었다. 폭력이 사랑에 의해서 정복되었다.

이는 세상의 모든 것들이 기초하고 있는 근본적인 전환(transformation)이다. 이는 바로 세계가 필요로 하는, 그리고 오직 세계를 구원할 능력을 가진 바로 그 참된 전환이다. 그리스도가 내재에서부터 폭력을 사랑의 행위로 바꾸며, 그리고 이를 정복하였기 때문에 죽음 자체도 변하게 된다. 사랑은 죽음보다 강하다. 사랑은 지속된다. 그래서 이 전환에서 죽음이 부활로, 죽은 몸이 부활의 몸으로 발전하는 제 2의 전환이 담겨 있다. 비록 첫 사람이 '산 영'(a living being)이었으나, 성 바오로가 말하는 것처럼 새 아담 그리스도가 이 과정을 거쳐 '생명을 주는 영'(life- giving-spirit; 1코린 15, 45)이 되었다. 부활한 그분이 희생제물이며, 생명을 주는 영이며, 그리고 그래서 나눌 수 있는, 정말로 나눔인 것이다.

이는 물질과의 이별이나 결별을 의미하지 않는다. 오히려 이런 방식으로 물질적 존재가 목적을 달성한다. 죽음의 물질의 과정과 죽음에 대한 내적인 승리 없이는 이 모든 일이 가능하지 않다. 그래서 부활로의 전환에서 전 그리스도가 지속적으로 존재한다. 그러나 이제 더 이상 육신의 존재와 생명을 주는 희생이 상호 배제적이지 않으며, 보완적인 것으로 바뀌었다.

다음 단계로 넘어가기 전에 이 모든 것을 다시 한 번 조망해 보고 이를 이해하도록 하자. 최후의 만찬 동안에 예수는 골고타의 일을 기대하였고, 또한 이미 이를 이루었다. 예수는 십자가를 통한 죽음을 받아들이며, 폭력을 받아들이므로, 결국 폭력을 '자신을 내어주며, 자신을 쏟아 내어주는 행위'로 전환하였다. "나는 하느님께 올리는 포도주(관제)로 쏟아 부을 것이다"라고 성 바오로는 이런 관점에서부터 그의 임박한 순교에 대해서 말한다.(필리 2,17) 최후 만찬에서 십자가는 이미 현재에 내재하며, 예수에 의해 받아들여졌으며 전환되었다.

처음의 그리고 근본적인 이 전환이 차후의 결과들을 가져온다. 죽음을 피하지 못하는 몸이 부활의 몸으로 변화되었다. '생명을 주는 영'으로 변화이다. 여기서부터 세번째의 전환이 가능하다. 빵과 포도주의 선물은 창조의 선물이며, 동시에 인간 수용의 생산과 창조의 '전환'이 변화되어 그 안에서 주가 자신을 주며, 선물이 되어 현재에 있다. 왜냐하면 그가 바로 자신을 헌신하는 희생제물이기 때문이다. 희생제물은 그의 특징의 일부가 아니라 그 자신이 희생제물이다.

여기서부터 다시 미래에로의 두 전환이 열리는데, 이는 성찬이 시작된 후부터의 성체성사에 관한 문제이다. 주가 자신을 생명을 주는 영으로 드려진 변화된 빵과, 변화된 포도주는 우리를 변화시키는 데

목적이 있으며, 이로써 우리는 주와 함께 하나의 빵이, 그리고 주와 함께 하나의 몸이 된다. 십자가와 부활의 근본적인 전환을 유일하게 지속하는 그 선물들의 전환은 정거장의 종결점이 아니다. 오히려 이는 반대로 시작점이다. 성체성사의 목표는 그리스도의 전환과의 진정한 교제에서 성체를 받는 자들의 전환이다. 그리고 그 목표는 통일, 기쁨이어서, 우리는 혼자서 또는 다른 사람과 갈등에서 살아가는 대신에 그리스도와 함께, 그리고 그 안에서 생명을 주는 한 유기체가 될 수 있으며, 부활과 새 세계로 들어가는 삶을 살 수 있다.

이와 더불어 성체에 관계하는 다섯 번째의, 그리고 마지막 전환이 눈에 보이게 된다. 변화된, 한몸으로, 생명을 주는 영으로 변화된 우리자신들을 통하여 모든 창조물이 변화되어야 한다. 모든 창조물이 새 도시, 새 파라다이스, 하느님이 실제 머무시는 장소가 되어야 한다 – "하느님께서는 모든 것 안에서 모든 것이 되실 것입니다." (1코린, 15,28)라고 바오로는 성체성사에서부터 시작되는 것으로, 여기는 창조의 목적을 기술한다.

그러므로 성체성사는 우리가 그 안에 받아들여지는 전환의 과정이다. 성체성사는 증오와 폭력을 변환하는 하느님의 힘, 세상을 변환하는 하느님의 힘이다. 그러므로 우리가 이런 방법으로 성찬식을 가지며, 이에 따라 살아가도록 주님께서 도우시도록 기도한다. 그러므로 우리 함께 주님이 우리를 변화시키며, 우리와 더불어 세상이 새 예루살렘으로 변화되도록 기도하자.

제 3 편
에필로그

8 장
보편성과 가톨릭

단어 '가톨릭'(catholic)은 2세기 초에 성 안티오키아의 이냐시오(Ignatius)의 아시아 스미르나 교인에 대한 편지에서 처음 교회의 명칭으로서 만나진다― "예수 그리스도가 있는 곳에 가톨릭교회가 있는 것과 같이, 주교가 등장하는 곳에는 공동체가가 있어야 한다."(8, 2) 지역교회는 주교의 지도 아래 모였다. 주교가 있는 곳은 어디든지, 그 곳에 교회가 있다. 모든 교회의 '주교'는 예수 그리스도시다. 그리스도가 있는 곳에는 교회, 가톨릭교회가 있다.

이냐시오는 자기 서신을 읽는 독자들은 '가톨릭' 단어를 전 인류교회(die universale Kirche)의 명칭으로서 이미 알고 있는 것으로 가정하고 있는 것으로 보이며, 가톨릭교회가 모든 지역교회들에서 여전히 유일한 교회이다. 우리는 사도행전으로부터 안티오키아에서 단어 '그리스도인'은 예수 그리스도 제자들을 기술을 위해 처음 만들어졌음을 안다.(11, 26) 도시의 순교자 주교에 의해 타이틀 '가톨릭'이 당연하게 사용된 것에서 볼 때, 이 단어가 전 인류교회를 표현하기 위해 이 도시에서 또한 처음 만들어진 것으로 결론을 내릴 수 있을 것 같다.

비록 편지의 본문이 단어 '가톨릭'에 대해 더 이상 자세한 설명을 하고 있지 않지만, 두 개의 개념적 요소는 분명히 식별할 수 있다. 이 두 개념에서 그 후에 전개되는 역사 속에서 궁극적으로 가톨릭의 의미로 간주되는 중요한 특징들이 명백히 드러난다. 두 요소는 '그리스도에의 소속'과 전 인류적 '보편성'이다. 단지 그리스도만이 전체를 통합하며 통일할 수 있다. 우리가 그리스도에 관해서 말하면, 우리는 항상 이면에 있는 삼위일체의 비밀을 염두에 두어야 한다. 그리스도는 아버지에게 와서, 그리고 그는 성령을 통해 전 역사에 걸쳐 현재에도 활동하시며, 성령은 그리스도에 대해 증거를 하며, 믿는 자들을 모든 진실로 인도한다.(요한 15, 26; 16,13)

전 인류적 '보편성'(universality)은 하느님의 관심사이다. 그리스도는 모든 것을, 전체를 붙들어 유지하는데, 왜냐하면 그는 하느님의 아들이기 때문이다. 그리스도 중심의 강조는 이와 같이 바로 삼위일체로서의 강조이다. 그리스도에 대한 증거는 '땅 끝'까지 이르려는, 모든 민족들이 세상의 진정한 왕에게 상속으로 주고자 하는 교회의 요구를 담고 있다.(시편 2,8; 마태 28,19, 사도 1, 18)

바인에르트(Wolfgang Beinert)는 교회의 세 번째 특성에 관한 자신의 저서에서, 우리가 이냐시오 편지의 그리스도론을 조사하면, 그리스도와 가톨릭 간의 관계가 좀더 분명하게 된다고 지적하였다.[1] 그리스도는 절대 완전한 분이다. 그에게 생명과 은총이 충만하며, 또한 모든 계시가 있다. 교회의 가톨릭성(catholicity)은 바로 교회가 그리스도의 충만함과 완전함을 지니며, 이를 다시 다른 사람들에 전달하는 것을 의미한다. 이로써 교회가 왜 모든 족속을 대상으로 하는지가 명백해진다. 왜냐하면 교회는 그리스도의 은총으로 모든 구원의 은총을 가지며, 이 은총은 인간의 모든 구하는 것과 찾는 것에 대한 유일한, 분할할 수 없는 답이 되기 때문이다.

우리는 앞에서 가톨릭의 두 개의 본질적인 요소가 성경에서 찾아볼 수 있음을 말하였다. 그리스도에 대한 복종과 보편성이다. 우리는 이를 좀더 다음과 같이 명확하게 표현할 수 있다. 한 엄밀한 신학적 면과 또 하나의 경험적 면이 윤곽으로 잡혀지는데, 그러나 이 들은 서로 간 분리될 수 없다. 신학적인 면은 궁극적으로 하느님은 스스로 자신을 내어드린 구원의 은총에서 완전무결(Ganzheit)이다. 이 내적인, 질적인 완전무결에서부터 구원의 능력은 인간의 완전함을 지향하며, 이 완전성은 모든 시간, 모든 장소, 그리고 하늘과 땅 모두를 포함한다.

역사의 흐름 속에서 이 두 개의 중요성은 서로 다르게 강조되어 왔으나, 그러나 이 둘은 언제나 함께 속하였다. 이 단순한 지리적이며 양적인 요소는 결코 가톨릭이라 불리는 것을 충분히 설명하지 못한다. 왜냐하면 교회는 이냐시오의 시대처럼, 교회가 지중해 유역을 중심으로 한 소수로 구성되어 있어도, 가톨릭이기 때문이다. 결정적인 요소는 질적인 가톨릭성이어야 한다. 그러나 바로 이 질적 요소는 주어진 지역에서 묵인을 허용하지 않는다. 오히려 이는 항상 전체 반죽을 부풀리는 누룩

---

1) W. Beinert, Um das dritte Kirchenattribut 제3 교회속성에 관하여 (Essen 1964) 36-42.

과, 모든 지역을 비추는 빛과 같은 역동적인 미션을 요구한다. 바로 이것이 가톨릭의 내적 보편성에 기초하고자 하는 교회는, 이런 내적 가톨릭성으로 부터 모든 민족, 모든 문화의 교회로 되고자 하는 '외적인 가톨릭성'을 갖추고자 부단히 노력하는 이유이다.

교회는 자신이 받은 은사는 다시 전달하도록 위탁받았다는 인식에 매여 있어야 되며, 교회는 이를 '모든 피조물'(마르 16,15)에 전달하지 않을 때에는, 이 완전함을 부당하게 유용하는 것이라는 생각을 분명하게 가져야 한다. 교회의 가톨릭적 보편성은 또한 적어도 초기단계에서도 경험적으로 드러나 보여야 된다. 지구의 끝으로 몰고 간 성 바오로의 절박함은 은총의 보편성에 대한 인식, 끝을 모르는 진리와 구원의 보편성에서 온다. 주님의 돈으로 장사하라는 종에 대한 비유(마태 25, 14-30)는 이 동일한 절박함을 보여 준다. 믿음으로 전달하라는 위임받은 사명이다.

이냐시오(Ignatius)의 한 구절은 우리에게 신약에서 가톨릭적 보편성에 대한 좀더 내적인 기원을 잘 보여 준다. 이 의미의 다양성을 파헤치고, 그러므로 이 개념의 영적인 풍부함을 잘 이해하는 것이 가치 있는 일이지만, 나는 여기서 이에 대한 시도를 하지 않고자 한다. 여기서 나는 다만 가톨릭의 보편성에 대한 개념을, 즉 사도행전에서의 성령강림대축일의 내용이 되는 기본적인 교회에 관한 본문을 매우 간략하게 보여 주고자 한다.(사도 2장)

첫째 배경을 살펴보자. 유월절 후 50일 되는 날은 -우리가 오순절(그리스어로 50일)이라 불리는 '주말 축제'- 계시의 축제로 시나이(Sinai)의 기억으로 여겨진다. 따라서 이는 어떻게 이스라엘이 일반백성에서 하느님의 백성으로 되었는가, 그 계약이 어떻게 이루어졌는가를 상기시킨다. 따라서 예수그리스도의 성령강림대축일 축제는 -부활의 새 탈출(엑소더스)- 그리스도인의 시나이(Sinai)로서 성령강림 사건 후에 이루어진 것이다. 명백히 최후의 만찬과 십자가에서 이루어진 언약은 이제는 하느님의 백성으로 세워지는 공공 사건으로 되었다. 이는 과거 시나이에서 구름과 불기둥의 기적하에 일어난 것과 같으나, 이는 단지 하나의 회상의 증거로서만 기능하고 있다.

여기서 가장 궁극적인 것은 다름 아닌 모든 언어로 들을 수 있으며, 이해될 수 있는 말씀의 새 은혜이다. 즉 이는 모든 문화에서 들을 수 있으며, 이해될 수 있는 것이다. 그러므로 신약의 새 언약은 이렇게 묘사된다. 하느님의 백성은 전 인류적으로 되며, 모든 백성 가운데에서 택함을 받은 백성이다. 이 전 인류적 일반백성 -교회- 은 새 언약의 수행자로서 성령의 능력을 통해 구성된다. 언약의 백성이 퍼져 나가며, 전 인류의 보편적으로 되듯, 이 언약의 내용인 '율법'도 새로운 모습을 갖는다. 과거에 마치 건축장의 발판과 같은 외형과 준비는 이제 떨쳐 버려질 수 있게 되었다. 율법의 핵심은 성령의 불꽃에서 자신을 드러내며, 이 성령 속에 하느님의 원래의 본질 -사랑- 이 드러난다. 그래서 토마스 아퀴나스(Thomas Aquinas)는 다음과 같이 말할 수 있었다. 새 율법은 성령의 은혜다 (Summa Theologiae 신학대전 I-II q 106 resp.). 미사의 형식과 율법 질서는 필요하며 또한 특별한 것인데, 이의 중요성이 감소된다. 진실로 전 인류적인 것으로 나타는 것은 다름 아닌 은총

이며, 이는 성령을 통하여 성령이 우리 마음에 부어졌기 때문이다.(로마 5, 5)

그러나 이런 모든 것들은 성령강림 사건에서 매우 멀리 떨어져 희미하게 암시되었다. 그래서 성령강림대축일이 실제로 의미하는 것을 따라가 보자. 두 그룹의 사람들이 등장한다. 한 그룹에는 "열두 명의 제자와 베드로"(사도 2,14)이다. 유다의 배반으로 축소된 이 무리는 마티아가 성령을 통해 제비뽑기로 선출됨에 따라, 다시금 12명이 갖는 상징적인 완전한 수가 회복되었다.(사도 1,15-26) 성령강림 사건을 설명하는 초반에서 누가는 12명에 대해서 자유롭게 말하지 못하며, 대신에 "그들은 모두 한자리에 모여 있었다"(사도 2,1)고 하였다. 루카는 이렇게 함으로써 사도행전 1장에서 묘사한 사도들을 포함하는 기도하는 공동체를 지시하고자 한 것이다. 이 사도에 예수의 어머니 마리아, 그리고 '그 형제'를 포함시키고 있다.(사도 1, 12-14) 하나됨으로써 그들의 모임을 보는 것과, 또한 그들의 완전함('모두')의 관점은 바로 기록자 성 루카에게는 중요하였다.

이 완전무결함(Ganzheit)은 또 다른 완전함과 대조되는데, 이는 바로 "천하 각국으로부터 온 민족들"인 순례자들이다.(사도 2,5 성서공회) 복음은 지구상의 모든 백성을 지향한다. -여기서 바로 그들이 모이는 그 시간에 이를 보여 주고 있다. 이 신학적 선언은 루카(그리고 우리)에게 중요하며, 누가는 이 선언을 민족들의 수를 셈으로써 구체화하였다.

그런데 우리가 저마다 자기가 태어난 지방 말로 듣고 있으니 어찌 된 일인가? 파르티아 사람, 메디아 사람, 엘람 사람, 또 메소포타미아와 유다와 카파도키아와 폰토스와 아시아 주민, 프리기아와 팜필리아와 이집트 주민, 키레네 부근 리비아의 여러 지방 주민, 여기에 머무르는 로마인, 유다인과 유다교로 개종한 이들, 그리고 크레타 사람과 아라비아 사람인 우리가 저들이 하느님의 위업을 말하는 것을 저마다 자기 언어로 듣고 있지 않는가?(사도 2, 8-11)

12민족의 명단에 관해 루카는 말하고 있다(다만 처음 셋 만이 민족이름이다. 다음에 계속하여 지역 이름이 나오는데, 이는 물론 민족을 가르킨다). 이 쌍으로 된 명단 뒤에 로마인이 등장하며, 로마인은 단독으로 언급되었다. 마지막으로 쌍으로 언급되고 있는데, 즉 유대사람과, 유대교에 개종한 사람, 크레타 사람과 아라비아 사람이다. 이 두 개의 쌍은 바로 이 모임의 완전성과 보편성을 다시 한 번 표현하고자 한 것이다. '유대인과 개종자'는 특별히 민족에 대한 언급이 아니라, 전 인류적 보편성에 연계되는 종교적 표현이다. 유대인은 성경에서 하느님의 백성이며, 개종자는 이스라엘의 하느님, 모든 인간의 하느님에 귀의한 이방인을 말한다. 그리고 '크레타사람과 아라비아 사람'이 나오는데, 이들은 섬과 육지의 주민뿐만 아니라 동시에 서구와 동구의 전 주민을 의미한다. 성경 해석자들은 이 12명단의 유래에 대해서 철저히 논의하였는데, 하여튼 이 수는 알렉산더 대왕의 고대 역사가들과 장군들이 모아온 나라들의 목록과 같으며, 또한 이 고대 역사가들은 이 수가 바로 지구의 백성들을 대표하며 모든 사람을 포함하는 것으로 본 것이다.[2]

루카는 의도적으로 로마인을 첨가하였다. -사도행전은 로마에서 끝이 나며, 이로써 전 인류에 도달하였다는 것을 표현한다. 그리고 마지막 두

---

[2] 성령강림대축일에 민족의 수에 대해서는 다음 참조. G. Schneider, Die Apostelgeschichte I 사도행전 I (Freiburg-Basel-Wien 1980) 253ff.

쌍의 이름은 우리가 보아 왔듯이 전 인류의 보편성을 강조한다. 지구의 모든 민족이 바로 성령강림 사건의 증인이며, 세계 민족으로 구성된 교회는 하느님의 전 세계 백성에 복음을 전한다. 이는 바로 안티오키아의 이냐시오(Ignatius)가 말한 보편성을 가진 '가톨릭'(catholic)으로 표현된다.

그러나 또한 12명의 사도는 또한 이미 현재에서 기대되는 앞으로의 전 인류의 보편성에 대한 표현이다. 12이라는 수를 선정함으로써 예수는 12명의 야곱의 아들, 이스라엘 12명의 조상을 말하고 있는데, 이들은 새로운 대(大)이스라엘의 '조상들'이 될 것임을 암시한다. 12라는 우주적 상징성(12 별자리)을 고려하면, 전 인류적 일반적인 요구에 오해의 여지는 없다. 따라서 한 가지가 분명 해진다. 성령강림대축일에 비로서 예루살렘의 지역교회, '예루살렘의 초기 교회'가 형성되었고, 이 교회가 그 후 차차 세계적 교회로(universale Kirche)로 확대되어 갔다고 보는 이 널리 통용되는 견해는 틀린 것이다.

12는 단순히 예루살렘에서 한 지역교회가 아니라, 모든 종족의 교회를 대표한다. 이 교회는 바로 이 종족들에 보냄을 받아야 되며 또한 이 모든 종족들의 믿음의 조상이 되도록 예정된 것이다. 그리고 무수한 듣는 자들은 모든 종족에서 모인 것이다. 정확히 이날에 무엇이 일어났든지, 역사적 정확성을 갖고 말하고 있는 루카의 신학적 표현은 매우 명료하다. 그가 말한 의미는 다름 아니라, 처음부터 교회는 '가톨릭적', 즉 전 인류적인 보편적 교회(a universal Church)이다.

가톨릭적이라는 것은 우리가 이냐시오(Ignatius)에서 이미 배운 바와 같이 이중의 의미에서이다. 이 '가톨릭교회'는 지역교회들을 탄생시켰으며, 마찬가지로 많은 주요한 시사점을 갖고 있는 예루살렘의 지역교회도 탄생시킨 것이다. 보편성(catholicity)은 새 예루살렘 백성들이 처음에는 얼마 안 되는 무리에 불과하더라도, 바로 질적 그리고 외연적 의미에서 바로 이들에 속하는 자산이다.

민족의 이름들이 우선 외적인 가톨릭성을 강조하는 것처럼 보이나 (성령강림 사건의 변방성을 감안하여 보면 루카는 특히 이점을 강조하고 있다), 본문을 깊이 들여다보면 질적 요소들이 분명하여진다. 성령강림 보고가 바벨탑 사건과 대조되는 그림을 이루고 있음은 오해의 여지가 없다. (창 11, 1-9) 바벨탑 사건에서 인간의 초기 역사(Urgeschichte)는 인간의 단일성이 깨짐으로써 끝이 난다. 좀더 정확히 말하자면, 하느님이 인간의 그릇된 통일을 깨 버렸다. 그래서 창세기 첫 11장에서 설명한 인간의 일반역사(Universalgeschichte)의 첫 단계는 게르하르트 폰 라트 (Gerhard von Rad)가 표현한 바와 같이, '상당한 부조화'3)로 끝이 났다. 이 바벨탑 사건 후 성경은 뒤이어 새롭게 계속된다. 성경은 인류를 전체로서 더 이상 언급하지 않으며, 아브라함의 부르심의 역사로서 시작한다. 이 부르심은 초기에는 개별적인 특수적인 것으로 보이며, 전 인류와는 관계없어 보이는 구원과 역사적인 부르심이다. 그래서 창세기 11장의 부조화는 일반적인 지평선이 아브라함의 부르심의 역사를 통해 나타나 보이지만, 그래도 여전히 풀리지 않는 의문이다. 답으로서의 지평선이 아니라 기대로서의 지평선이다. 성서적 역사를 읽는 독자는 기본적으로 사도행전의 성령강림 사건의 설명을 기다려야 된다. 오로지

---

3) G. v. Rad, Das erste Buch Mose 창세기 (Göttingen 1964) 128.

여기서만 바벨탑 사건의 풀리지 않은 질문이 다시 다루어졌으며, 이제 비로소 성경은 다시 전 인류의 일반 역사로 되돌려졌다. 하느님은 전체(das Ganze)를 다시 손안에 잡으시며, 그리고 모든 '부분적인 것'이 그 보편성으로 향하는 길임을 보여 주었다.

이는 물론 또한 성령강림대축일에 은총으로 주어진 '통일과 보편성'(unity and universality)은 바벨탑 사건에서 실패한 것과는 다른 성격을 갖는다. 만약 우리가 성령강림 사건의 이야기의 깊이 있는 의미를 올바르게 이해하려면, 바로 두 유형의 보편성의 차이를 구별해 낼 줄 알아야 한다.

바벨탑에서 통일은 단일화주의·획일주의(Uniformismus)이다. 거기 있던 사람들은 유일한 하나의 민족이었고, 또한 하나만의 언어를 가졌다. 창조주가 원했던 다양성은 그릇된 통일 방식으로 압제되어졌다. 이는 권력, 자기 주장, 그리고 '명성'(名聲)에 제휴한, 이를 바탕으로 하는 통일이다. 인간은 따라서 스스로 하늘로 향하는 길을 건축한다. 명성 속에서 그들은 자신들의 영원한 생명을 만든다. 이들에게는 하느님은 필요하지 않다. 오히려 이들은 자신들의 권력과 자신들의 능력에 아주 자족해 한다. 이런 방식으로 점점 거대해진 사람은 실제로는 팔다리가 절단된 사람이다. 자신의 위대함, 하느님에 향한 열림, 관계성에서 삶은 소멸되어진다.

이는 환원적으로 일종의 기술적 통일이다. 오늘날 바벨탑이 어떠한가를 보라! 단지 기술적으로 생각하며 살아가는 세계는 그럭저럭 단일화되어 갈 수 있다. 이 세계는 통일된 언어, 통일된 문화를 창출한다. 각자 모두가 서로 비슷하게 생각하며, 서로 비슷하게 말하며, 서로 비슷하게 옷을 입으며, 서로 비슷하게 행동한다. 그러나 바로 이런 인위적으로 설정된 단일주의는 반항을 불러온다. 이 반항은 테러리즘으로서, 또는 겉으로는 모든 것을 허용하나, 또한 모든 것을 주지 않은 실존에 대해 봉기하는 다양한 방식으로 표현될 수 있다. 세상의 것들은 사람들을 권력과 즐기는 것에 붙들어 두며, 결국 사람들의 힘을 빼앗아 가고 슬픈 존재로 만든다.

성령강림대축일의 하나 됨은 전혀 다른 성격을 갖는다. 참가자 모두가 자신들의 언어를 알아들었다. 그들은 다양성 속에서 하나가 되었다. 그들의 하나 됨은 인위적으로 만드는 통일, 외적인 기술적 능력에 있는 것이 아니라, 다양성을 소멸시키지 않으며, 반대로 주고받음에서 더 풍요롭게 되는 내적인 감동에 있다. 왜냐하면 모든 것이 모두에게 속하며, 바로 이런 이유로 모두의 능력, 창조주가 각자에 준 유일한 능력은 필연적으로 그들 자신들의 가치를 증명한다. 이 성령강림대축일의 통일의 길이 어떻게 열렸는가에 대한 방법적 고려는, 루카가 성 베드로의 설교를 듣는 자들의 반응을 묘사한 데서 알 수 있다. "그들이 이 말을 듣고 마음에 찔렸다"(사도 2, 37)라고 하고 있다.

마음에 찔림을 받았다는 것에 그리스어 성경은 *katanyssomai* 단어를 사용하였는데, 이는 '찔러 관통되다', '뚫어 관통되다'의 뜻을 갖고 있다. 듣는 자들의 마음이 찢어진 것이다. 그래서 그들은 주님에 마음을 열게 되었고, 주님은 동시에 서로 간에 자신을 열도록 하였다. 이런 방식으로 성령강림의 사건을 통해 새 백성이 생겨났으며, 이 백성은 하늘에 오르고자 스스로 탑을 쌓지 않으며, 영광 속에서 자신의 영원을 추구하지 않는다.

성령강림의 백성은 관계성에서 존재의 개방성(Offenheit des Seins)으로 특징되어진다. 이들에게 "누구든지 주님의 이름을 부르는 자마다 구원을 얻는다"(사도 2, 21)는 말씀은 진실이다. 개개인의 편에서 주님을 부르는 것은 하느님의 편에서는 부름을 받는 것에 해당하며, 이 부름은 즉시 세계의 광대함과 미래에로의 지평선을 열어 준다 ㅡ "이 약속은 여러분과 여러분의 자손들과 또 멀리 있는 모든 이들, 곧 주 우리 하느님께서 부르시는 모든 이에게 해당됩니다."(사도 2,39)

바벨탑의 엄격한 단일화된 보편성(universality)은 우리가 가톨릭적 '보편성'(catholicity)으로 부르는 다양하며 새로운 통일(unity)과 비교된다. 여기서 우리는 특이한 점을 관찰할 수 있다.

우리는 '세계의 기술적 표준화'(Uniformierung)의 압력하에 살아가고 있다. 바벨탑의 모델은 지속성을 가지며 실행되고 있는데, 이는 성경적인 관점에서 먼 거리를 두고서 볼 때만 분간되어진다. 이와 더불어 분열, 서로 간의 대적과 봉기, 혼란, 그리고 사방으로의 유랑이 지속적으로 위험한 수준으로 각처에서 일어나고 있다. 문명의 충돌은 피할 수 없으며, 인류를 파괴할지도 모른다고 언급되고 있다. 그러나 동시에 문화를 소멸하지 않으며, 오히려 서로 간에 이해를 시키며 문화의 폭력을 감소시키는 것은 다름 아닌 성경적 통일 모델인데, 이 성경 모델이 다른 문화를 파괴한다고 비난 받았다. 베드로와 다른 사도들의 설교로 시작되어 지속되는 선교 사명은 단일 문화의 독점적 지배라고 비난을 받았다. 이런 비판은 마치 문화들을 파괴하는 것 없이는 문화의 내적 통일은 없으며, 될 수도 없다고 본다.

그러나 성령강림 모델로서 지지되는 그리스도교 미션은 '문화충돌'에 대한 유일한 진실된 대안으로 단호히 방어되어야 하며, 새롭게 재고되어야만 한다. '가톨릭 보편성'(Catholicity)은 성령강림 사건에서 보여주며, 후에 교부들이 이를 해석하였듯이 참되며, 유일한 충분히 가치 있는 통일 형태이다. 이는 마음으로부터 하느님이 열으셨고, 하느님을 향해 열려 있는 마음으로 부터의 통일이다. 인간의 전 부(富)가 존재 의미가 있으며, 자신의 고유한 것이 더 이상 이방의 것에 대해 적대하지 않는 통일이다. 왜냐하면 모든 것이 하느님의 것이며, 그리고 바로 이 방식으로 모든 것이 우리 모두에게 속하기 때문이다. 가톨릭적 보편성에서(양적인 그리고 외연적인 의미에서) 새 백성은 많은 방을 가진 집을 구축하는데,(요한 14, 2), 이 하느님의 집은 예수님이 장차 올 세계에 대한 약속으로서 하셨다. 이 집은 자기 주장의 탑이 아니라, 많은 사람들의 고향이며, 거처하는 곳이다. 가톨릭적 보편성은 주님의 은총으로서 교회에 주어졌으며, 우리가 알아볼 수 있는 특징 중의 하나를 이룬다. 그러나 이는 항상 우리가 노력해서 이루어야만 하는 사명이며, 그래서 우리가 얻고자 손을 뻗어도 손안에 넣을 수 없는 일이기도 하다.

은총과 사명의 이 긴장 관계에서 교회는 살아가며, 우리 모두가 살아간다. 이 긴장은 우리가 우리 자신을 측정해야만 하는 기준이며, 이 기준은 심판의 날에 우리 앞에 놓여진다.

나는 이 글에서 추기경 간틴(Gantin)의 80회 생일을 감사하는 바, 그는 나에게 있어서 진실로 '가톨릭' 주교의 좋은 본이 되신다. 그는 자신의 고향의 문화에 뿌리를 깊게 내리면서도, 이제는 모든 언어로 이야기하며, 이 언어들 간에 상호 이해를 가져오는 교회가 자기 집처럼 되었다. 이 글이 오래 동안 같을 길을 가면서 그에서 받은 모든 것에 대한 작은 감사가 되기를 바란다.

9 장
가톨릭교회 교리서는 시대에 부응하는가?
교리서 출간 10년 후 성찰

　교황 요한 바오르 2세가 1992년 10월 11일 회칙 「신앙의 유산」(Fidei depositum)으로 전 그리스도인들에게 공표한 「가톨릭교회 교리서」는 한편으로 모든 교회가 간절히 원했던 기대에 대한 대답이었다. 다른 한편으로 일종의 회의(懷疑) 장벽, 즉 서구세계 가톨릭 지성인의 반대에 부딪혔다. 제2차 바티칸 공의회의 획기적인 변혁이래로, 그 당시까지 사용되던 교리적인 교재들은 공의회에서 표현된 바와 같이, 신앙의식의 높은 수준에 이르지 못하는 불충분한 것으로 여겨졌다. 다양한 실험이 시작되었고, 많은 것이 전례(Liturgie)의 영역에서 일어났다. 언젠가 빛을 보게 될지도 모르는 세세한 가치 있는 것들에 대해 또한 전체적 통찰이 상당히 결여되었다. 대변혁 이후에 무엇이 여전히 유효한 것으로 남아야 되며, 또는 그러지 아니하는가에 대한 것이 해결되지 못하고 남았다. 그래서 사목자와 신자들은 교리문답의 방향을 정해 주며, 공의회에서 결정한 방침에 따라 가톨릭의 총체(Synthese des Katholischen)가 드러나는 새 규범서(Textbuch)를 기다렸다.

일부분의 신학자들과 교리문답 전문가들은 이에 대해 반대하였는데, 왜냐하면 지성인은 가능하면 최대한에서 실험하기를 좋아하는 성향을 갖고 있기 때문이다. 신앙의 확신은 '자유'와 '지속되는 사유의 개방성'에의 대조로 여겨졌다. 그러나 신앙은 지적인 실험을 위한 영양분이 아니라, 우리가 살고 죽을 수 있는 확고한 토대, 즉 히브리서(11:1)에서 말하는 바라는 것들의 실체(hypostasis)이다. 학문이 노력하여 얻은 확신에 의해 방해되지 않고, 오히려 바로 그 노력해서 얻은 확신이 학문 발전의 조건이 되는 것처럼, 믿음이 우리에게 선사하는 확신도 또한 항상 새로운 지평선을 열어 준다. 반면에 실험적인 사유는 계속해서 자체 내에 갇혀 원을 그리듯 맴돌기 때문에 결국에는 지루하게 된다.

이러한 상황에서, 한편으로는 모든 교회, 즉 주교·성직자·수도자 그리고 평신도들이 협력하여 만들어진 교서에 대한 커다란 감사가 있었다. 반면 다른 한편으로는 또한 항상 새 논거와 주장을 함께 찾는 적대적인 거부가 있었다. 소위 중앙집권적인 형성 방식이 비판되었는데, 이 비판은 간단히 말해 역사적인 진실에 극단적으로 대치된다. 내용까지도 변화가 없는 정적(靜的)이며, 독단적이며, '전(前)공의회적'이라고 거부되었다. 교서는 지난 세기의 신학적인 특히 성서해석학적인 발전을 놓쳐 버렸으며, 교파를 초월하지 못했다 한다. 내용이 대화체가 아니라, 논리에 의심의 여지가 없는 필연적(apodictic)이며 선언적이라 비판되었다. 이런 견해에 따르면 교리의 가르침은 당시 10년 전에도, 그리고 오늘날은 더욱 말할 것도 없고, 어떤 현실성도 전혀 갖고 있지 못하다.

교리서의 의미와 한계

이와 같은 견해에 대해 어떤 정당한 근거가 있는가? 그들을 빛 가운데로 불러내고, 그들이 준비되어 있다면, 그 대표자들과 대화를 나누기 위해서 우리는 먼저 교리서의 본질과 그 고유의 특성을 깊이 고려해야 한다. 교리서는 신학에 관한 것이 아니라, 신앙 내지는 신앙론(Glaubenslehre)에 관한 책이다. 이러한 근본적 구별이 오늘날 신학적 의식에 종종 충분하게 인식되지 않고 있다. 신학은 사람들이 무엇을 믿을 수 있는지 그렇지 못한지를 지적으로 성찰을 하는 도중에 고안되어 생겨난 것이 아니다. 만일 그렇다면 그리스도교 믿음은 완전히 우리 자신들의 생각의 산물이며, 종교철학과 다를 바가 없을 것이다. 제대로 이해한다면, 신학은 자신보다 선행하는 '지식의 선물'(Gabe der Erkenntnis)을 이해하고자 하는 노력이다.

교리서는 이와 관련하여 성 아우구스티노의 잘 알려진 유명한 말을 인용하는데, 이 말에 신학적인 노력의 성격이 잘 요약되어 있다. "나는 이해하기 위하여 믿는다. 그리고 나는 더 잘 믿기 위하여 이해한다."(158, 설교(sermo) 43,7,9) 신학의 구조적인 요소는 하느님이 믿음 안에서 교회에 주신 선물(Vorgabe, prior-gift)과 합리적 이해를 통해 이 선물을 자기 것으로 만들고자 하는 우리의 노력과의 관계이다. 교리서는 이러한 선물, 교회 안에서 발전된 믿음을 가르치기에 적절한 방식으로 제공하기 위해 존재한다. 교리서는 비록 교회의 신앙론(Glaubenslehre)의 적절한 서술에 사유와 이해가 속하며, 그리고 믿음이 이해와 신학에 대해 열려 있지만 믿음의 선포(Glaubensverkündigung) 이지 신학은 아니다. 그럼에도 불구하고 한편 선교(Verkündigung) 내지 체험담(간증)과, 다른 한편으로는 신학적인 사유 간의 차이는 없어지지 않고 존재한다.

이로써 이제 우리는 이미 사명으로부터 비롯되는 교리의 언어적 특성(Genus)을 언급하게 되었다. 그 언어적 구성은 근본적으로 토론(disputation), 즉 신학적인 활동의 고전적인 표현으로서의 'quaestio disputata'(논의된 문제)은 아니다. 교리서의 언어 구성은 오히려 고백, 믿음의 내적인 확신에서 나오는 선언이다. 또한 여기에 표현에의 미묘한 뉘앙스 차이가 있다. 그 고백은 다른 사람에게 적용되고, 그런 까닭에 이해의 수평선을 갖는다. 그 고백은 그 자체로서 받아들인 말씀을 이해하고 받아들이지만, 성격상 학술적으로 추구하는 이성(Vernunft, reason)의 언어와 구별된다.

가톨릭교회 교리서의 경우에는 이외에도 다른 요소가 추가된다. 교리서의 독자는 세계 곳곳에까지 이르며, 수준도 매우 다양하다. 교리서는 바로 이런 독자층의 다양한 대화요구에 부응한다. 교황은 앞서 언급한 교황령의 네 번째 항목에서 이 책을 대상을 하고 있는 범위에 대해 명명한다. 교리서를 사용할 교회의 지체로 생각되는 성직자와 신자들, 그리고 종파를 초월한 모든 신자이다. 그리고 마지막으로 교황이 말한 바와 같이, 이 교리서는 "우리가 지닌 희망의 근거에 대해 묻는 자(참조 1베드 3:15), 가톨릭교회가 무엇을 믿는지 알고 싶어 하는 모든 자"라고 하였다. 이로써 매우 상이한 교육 수준의 독자뿐 아니라, 모든 대륙과 완전히 다른 문화적 상황에 따른 사람들을 거론하였음을 고려하면, 이 책은 전달(Vermittlung) 수

단의 마지막 단계를 표현하는 것이 아니라, 오히려 상황에 부합하는 더 적합한 소통을 필요로 한다는 것이 분명하다.

어떤 특정한 집단, 예를 들어 서구의 지성인들을 염두에 두어서, 그에 따라 매우 직접적인 '대화체'를 선택한다면, 이런 스타일은 다른 모든 사람들에게는 그만큼 접근하지 못하게 될 것이다. 그렇기 때문에 문체는 이른바 문화의 상위틀 내에 머물러야 한다. 즉 문체는 구체적인 문화적 맥락의 세세한 것에 이르기까지 다루어서는 안 된다. 이는 사람들에게 그 자체로 접근하도록 노력하고, 앞으로의 문화적 소통은 각 해당 지역의 교회에 맡겨야 한다. 교리서가 완전히 서로 다른 국가와 사회적인 환경에서 긍정적으로 받아들여진다는 것은 교육과 문화의 한계를 넘어서서 이를 이해시키도록 노력한 것이 놀랍게도 성공하였다는 것을 보여 준다. 우리가 믿는 바를 함께 언어적으로 표현하고, 교리서와 같은 책으로 편찬하는 것이 가능해야 한다는 것에는 이론의 여지가 없어야 한다. 이것이 성공하지 못한다면, 교회의 하나 됨, 믿음의 하나 됨, 인류의 하나 됨은 한갓 허구로 되고 만다.

그렇다면 이와 같은 형식적인 문제를 떠나서, 교리서의 내용인 가르침의 현실성은 어떠한가? 이에 대해 적절하게 대답하고자 한다면 처음부터 끝까지 교리서 전체를 세세하게 순서대로 훑어보아야만 한다. 그러면 상당히 귀중한 내용을 많이 발견하게 되고, 얼마나 깊게 제2 바티칸공의회의 의도가 그 교리서에 각인되었으며, 어떻게 바로 전문 신학적인 절제로 신학적인 연구 활동에 대해서도 새로운 동기를 부여하는지 알 수 있게 될 것이다.

종파를 초월한 세계교회주의, 이스라엘과 교회 간의 관계, 믿음과 세계종교와의 관계, 믿음과 창조, 상징과 징조 등과 같은 다양한 테마의 횡적인 관점에 대해서도 배울 바가 풍성하다. 그 모든 것에 대해서 여기서 기술할 수는 없다. 단지, 공개적인 토론에서 특별한 역할을 하였던 몇 가지 관점으로 제한하고자 한다.

교리서에서 성서 이용

교리서의 성서 이용에 대하여 특히 강한 비난이 있었다. 교리서가 (이미 언급되었듯이) 지난 100년 간의 성서해석학적인 연구 작업을 놓쳐 버렸다고 비난되었다. 결과적으로 교리서는 예를 들어 역사상 인물인 예수에 대하여 요한복음서를 인용할 정도로 매우 순박하다. 교리서는 이미 근본주의적(fundamentalistisch)이라고 불리는, 글자 그대로 믿는 신앙에 의해 각인되었다는 등 비판이 있다.

이제 사실상 방금 의미한 교리서의 특별한 사명에 있어서 매우 신중하게, 어떻게 이 책이 역사적·비판적인 성서해석학을 다루는지에 대해서 깊이 생각해야 한다. 가설이 아닌 믿음을 표현해야 하고, 오랜 기간 동안 '가톨릭의 가르침의 진술에 대하여 확실하고 신뢰할 만한 기준'이(교황이 교회칙 4에서 의도했듯이) 되어야 할 책에서, 사람들은 얼마나 빨리 성서해석학적인 가설이 변화하며, 진리에 대한 많은 논제에 주어진 시점에서 얼마나 이론(異論)이 강력한지 보아야만 했다. 따라서 교리서는 한 자체적인 조항을 -101부터 104까지- 믿음의 증거에 있어서 성서의 올바른 취급이라는 주제에 대한 성찰을 위해 할애하였다.

이 부분은 비중 있는 성서 해석 학자들에 의해 성공적인 방법적 총체(Summe)로 인정되었는데, 이는 단순히 역사적으로가 아니라, 신학적인 성서 해석의 본질에 대한 질문을 제기한다. 이에는 특히 다음과 같은 문제에 대하여 답변을 줄 수 있다. 원래 성경은 도대체 무엇인가? 무엇이 그 생성 시기가 약 천 년 정도에 이르는, 어느 정도는 이질적인 문헌 모음집으로 하여금 하나의 책이 되고, 사람들이 받아들이는 성서가 되게 하는가? 이러한 질문을 따라가면, 매우 특이한 그리스도교적인 믿음과 그 계시에 대한 이해가 분명해진다. 그리스도교 믿음은 먼저 그 믿음이 역사적인 사건들, 좀더 자세하게 표현하면 사실상 역사로서 발생했던 상관된 역사와 관련된다는 데 있다.

이런 점에 있어서 사실, 즉 실제적인 사건에 관한 질문은 그리스도교에 있어서 근본적이기 때문에 역사적인 방법이 허용되어야 한다. 그러나 이러한 역사적인 사건들은 믿음을 위해서 더욱 중요하다. 왜냐하면 이 사건에 하느님 자신이 직접 특별한 방법으로 역사하셨으며, 이 사건들은 단지 역사적인 사실성을 넘어, 그 어디선가 도래하며, 시대를 초월하여, 모든 시대, 모든 사람들에게 의미를 부여하는 추가적 의미를 갖고 있음을 믿고 있기 때문이다. 이러한 추가적 특성은 사건들과 분리될 수 없고, 외부에서 그 사건에 뒤늦게 부여된 의미가 아니라 사건 자체에 현존한다. 그러나 이는 단순한 사실성을 초월한다. 초월성은 이렇게 사건에 근거를 두며, 그러므로 이 초월성에 전체 성서적인 역사의 의미가 놓여 있다. 이 특별한 성서적인 역사의 구조는 성서의 개별 책에 표현되어 있다. 성서 각 권들은 한편으로는 이 민족의 역사적 경험을 표현한 것이지만, 그 역사 자체는 그 민족의 활동과 고난 이상이기 때문에, 성서는 단지 그 민족뿐만 아니라, 그들 가운데, 그리고 그 민족을 통하여 행동하시는 하느님의 이야기이다.

따라서 역사적인 연구에 매우 중요한 '저자'는 다음과 같이 3단계로 나눌 수 있다. 개인적인 저자는 민족에 의해 전체로 되어진다. 이는 바로 이 책들의 항상 새로운 지속성과 개정에서 나타난다. 이 점에서 출처에 대한 비판은(많은 과장과 감추어지지 않은 가설에도 불구하고) 우리에게 귀중한 깨달음을 제공한다. 결국에 말하는 사람은 한 개인적 저자가 아니다. 그 대신에 기술된 글(Texte)이 성찰, 문화와 새로운 이해의 과정에서 성장하며, 이는 개개의 저자들 모두를 뛰어넘는 과정이다. 그러나 바로 모든 개인 저자들을 상대화시키는, 이와 같이 발전하는 전진(Überschreitung) 과정에 더욱 깊은 초월화(Transzendierung)가 작용한다. 전진·정화·성장의 과정에서, 영감을 주는 영이 실제적 활동 역할을 하며, 이 영감은 바로 행동과 사건을 바로 말씀 가운데서 인도하며, 사건과 행동에서 말씀으로 다시 추진한다.

성서 말씀들이 성서가 되는 단순한 극적인 면만을 골똘히 생각하는 사람은 자신의 성경 해석이 -성경해석이 믿음에 기초한 질문과 상관이 없다 해도- 지극히 복잡하다는 것을 바로 알게 된다. 그러나 이 민족의 믿음에서 살고 있으며, 믿음의 내적 과정에 있는 사람은, 그가 해석함에서 자신이 실제로 알고 있는 그 마지막의 궁극적 권위를 고려해야 한다. 그런 다음 비로소 역사적인 것을 무효화하지 않지만 새로운 차원으로 확대하는 신학적 해석이 거론될 수 있다. 그러한 관점으로부터 교리서는 올바른 성서 해석의 이중적 성격을 묘사한 것이다. 성서 해석은 한편으로는 역사적 해석의 전형적인 방법을 포함하지만, 이러한 문헌이 한 책, 즉 성경으로 간주된다면 다른 방법론적인 형태가 또한 보완되어야 한다.

하느님의 계시에 관한 교의 헌장 「하느님의 말씀」(Dei Verbum) 12를 인용하는 109와 110에, 본질적인 역사적 요청 사항이 언급되었다. 저자들의 진술 의도에 유의하고, 그들의 시대와 문화의 상황 및 당시의 일반적인 '문학 유형'과 이해·표현·서술 방식 등을 염두에 두어야 한다(110). 그러나 이에 또한 그 책들을 한 책으로, 그리고 구약·신약의 하느님의 백성들의 삶의 토대로서 이해하는 데서 비롯되는 방법적인 요소가 덧붙여져야 된다. 즉 전체 성경의 내용과 단일성에 유의하여야 한다. 전체 교회의 살아 있는 성전에 따라 성서를 읽어야 한다. 믿음의 비유에 유의해야 한다.(112-114) 이에 나는 교리서가 성서의 단일성의 의미를 설명하는 한 아름다운 문구를 인용하고자 하며, 토마스 아퀴나스의 말을 인용함으로, 이를 명백히 하고자 한다.

> 성서를 구성하는 책들이 아무리 다양하다 해도, 성서는 그러나 하느님 계획의 단일성 때문에 단일성을 이룬다. 하느님 계획의 중심과 심장은 예수 그리스도이다. 부활절 이후 이 마음은 활짝 열렸다. '그리스도 마음 하에서 성서는 이해되어야 하며, 성서는 바로 그리스도의 마음을 전한다. 이 마음은 그리스도의 수난 전에는 닫혀 있었는데, 왜냐하면 성서는 모호성을 띠었기 때문이다. 그러나 수난 후에는 성서가 열렸다. 이때부터 성서를 깨달은 사람들은 예언을 어떤 방식으로 해석해야 할지를 고찰하고 분별한다.(토마스 아퀴나스 , 시편 21:11)"(CCC 112)

'성서'라 불리는 문헌적 탄생이 복잡하기 때문에, 성서의 각각 말씀(Texte)의 의미를, 대부분 가설적으로 추정되는 첫 저자의 역사적인 진술 의도로부터 결정하지 않아도 되는 일이 자동적으로 발생한다. 모든 말씀(Texte)은 진행되는 기록 과정에 있으며, 이 과정에서 의미의 함축성이 항상 넓게 열려진다. 따라서 어떤 말씀(Texte)도 단순히 개개의 역사상의 저자에게만 속하지 않는다. 말씀(Texte) 자체가 과정의 성격을 띠고 있기 때문에, 또한 그 자체의 문헌적인 실체에 의해, 말씀(Texte)을 특정한 역사적 순간에 고착시키며, 동시에 과거 속으로 갇혀지어 고정되도록 허용되지 않는다.

성서 책권(冊卷)(Scripture)을 성서(Bible)로서 읽는다는 것은 바로 역사적인 말에서 현재를 찾으며, 미래를 여는 것을 의미한다. 조상들에 의해 개발되고 중세기에 체계화되었던 성서의 다중의미론은, 오늘날 이와 같은 고유한 성서책의 구성으로 인해 학술적으로 적절하다고 다시 인정되었다. 따라서 교리서는 4개의 성서의 의미(Schriftsinnen)에 관한 전통적인 견해를 짧게 부가 설명한다. 다른 말로 표현하면 아마도 말씀(Text)의미의 4차원(vier Dimensionen der Textsinnes)에 대해 말한다고 할 수 있다.

먼저 소위 자구적(字句的) 의미, 즉 역사 문헌적 의미가 있는데, 이는 말씀(Texte)이 쓰여진 역사적인 순간의 진술로서 묘사하려고 시도한다.

그 다음은 소위 '우화적(寓話的, allegorisch)' 의미가 있다. 유감스럽게도 이 신뢰가 낮은 단어가 본질이 되는 사건에 대한 우리의 이해를 왜곡한다. 그렇지만 특정한 역사적 상황을 나타내는 당시의 말씀(Word)에 믿음의 길이 드러난다. 이 믿음의 길은 성서 말씀을 성서의 전체에 속하게 하고, 과거를 넘어서 항상 하느님으로부터 하느님에게로 인도한다.

다음에는 도덕적인 차원이 있다. 하느님의 말씀은 항상 길 안내자이다. 마지막은 종말론적인 차원이 있는데, 이는 최종적인 것 안으로 들어가는, 최종을 향하여 가는 것이다. 전승(傳承)은 이를 '영적(anagogisch) 해석'이라고 부른다.

하느님의 백성이 살아왔으며 또한 계속되는 역사적 맥락에서부터 보는, 성경의 역동적인 관점은 그리스도교 실체에 대하여 이해하는 데 중요한 인식을 더하여 준다. "그리스도교 믿음은 '경전의 종교'가 아니다"(108)라고 교리서는 간결하게 말한다. 이는 지극히 중요한 진술이다. 믿음은 단순하게 믿는 자를 위한 유일하고 마지막 장소가 될 하나의 책에만 관련된 것이 아니다. 그리스도교의 믿음의 중심에는 하나의 책이 아니라, 한 사람, 예수 그리스도가 있다. 예수님은 하느님의 살아있는 말씀이며, 성서의 말씀 가운데 해석된다. 그러나 성서는 거꾸로 다시 예수님과 함께 한 삶에서만, 그와의 생명의 관계에서만 올바르게 이해된다.

그리스도가 교회, 하느님의 백성을 그의 살아 있는 지체, 즉 그의 '몸'으로 지었고, 또한 짓고 있기 때문에, 그와의 관계에 순례하는 백성과 함께하는 것도 속한다. 이 순례하는 백성은 우리가 들은 바 대로 성경의 본래의 저자이며 성경을 소유하는 주인이다. 살아 계신 그리스도가 성서 해석의 본래의 기준이라면, 이는 우리가 이 책을, 전 교회의 공동의 동시적이며 통시적(通時的)인 신앙관에서만 올바로 이해할 수 있다는 것을 의미한다. 이와 같은 생명의 연관성을 떠나면 성경은 종류가 다른 문헌들의 모음집에 불과하며, 우리 삶을 위한 현재의 안내자는 아니다.

성서 책과 전통은 서로 분리될 수 없다. 이런 불가피한 관계에 대해 튜빙겐의 대신학자인 요한 아담 묄러(Johan Adam Möhler)는, 강력하게 추천할 만한 그의 고전적인 작품인 「교회에서의 단일성」(Die Einheit in der Kirche)에서 적절하게 표현하였다. 교리서는 베드로의 둘째 서간에서 분명하게 증거하고 있는 바와 같이, 성서 해석에 대한 교회 권위를 포함하고 있는 이 관계를 분명히 하였다. "무엇보다 먼저 이것을 알아야 합니다. 성경의 어떠한 예언도 임의로 해석해서는 안 됩니다."(2 베드 1:20)

다행히도 교리서의 이와 같은 성서 해석관은 새로운 성서해석학의 본질적인 경향과 일치한다고 할 수 있다. 교회법에 맞는(kanonisch) 성서 해석은 성경의 통일을 해석의 원칙으로 정한다. 동시적(synchron)이고 통시적인(diachron) 해석은 가치에서 점점 더 동등하게 인정된다.

성서와 전통의 본질적인 관계는 모든 종파의 저명한 성서해석학자들에 의해 해석되어진다. 교회 생활과 역사 경험에 의해 야기된 해석은 구속력이 없으며, 가설의 상위개념을 뛰어넘을 수 없다. 가설은 언제든지 쓸모없는 것으로 뒤집어질 수 있음을 고려해야 한다. 교리서에서 성서 해석의 산림이 개척되지 않은 것 같은 벽지적(僻地的) 성격에 대한 성급한 판단을 수정하며, 선입견이 없이 성서를 현재의 말씀으로 읽고, 그러므로 자신이 성서의 모든 부분에서 빠져들며, 성서를 생명 샘으로 받아들임을 기뻐해야 할 근거는 참으로 많다.

교리서의 성사에 대한 가르침

본 교리서의 두 번째, 세 번째 부분의 현실성에 대하여 몇 가지 이야기하고자 한다. 성사에 할애한 2편은 전적으로 2차 바티칸 공의회에 의해 결정된 새로운 성격을 갖는다. 이는 제목「그리스도 신비의 기념」에서도 분명하다. 이것은 성사가 한편으로는 완전히 역사적으로 파스카신비(Paschamysterium), 그리스도 생애와 역사의 부활절 중심으로 이해되는 것을 의미한다. 우리가 함께 경험하게 되는 부활절 신비를 현재화로서 이해이다. 다른 한편으로는 성사가 완전한 전례로 구체적인 예배적인 기념으로 해석됨을 뜻한다. 이로써 교리서는 전통적인 신(新)스콜라학파의 성사론에 비해 매우 중요한 진보를 한 것이다. 이미 중세기의 신학은 성사를 예배의 이행으로부터 분리하였었고, 이와는 별도로 영역에 따라 제도·징조(sign)·역사·기부자와 수신자를 다루었다. 여기서 단지 징조 단락만이 전례적인 기념과 연관되었다. 물론 징조는 아주 가까이 살아 있는 예배의 형태로부터 보인 것이 아니라, 물질과 형식의 철학적인 영역에 따라 분석되었다. 그렇게 예배와 신학이 점점 더욱 분리되어졌다. 교리론(Dogmatik)은 예배가 아닌 그 추상적인 신학적 내용을 해석하여서 전례가 그 원래적인 것, 즉 물질과 형식을 치장하였고 따라서 다른 것으로 대체될 수 있는 교회 의식을 모아 놓은 것처럼 보였다. 거꾸로 '전례'는 사람들이 이에 관하여 이야기할 수 있는 한 구속력을 갖는 예배 규범에 대한 가르침이 되었고, 일종의 법률 실증주의에 근접해 갔다.

20세기의 전례운동은 이 위험한 분리를 극복하고자 시도하였으며,

예배 형태로부터 성사의 존재를 이해하였다. 전례를 단지 정도에 차이는 있으나 우연적인 의식의 모음이 아닌, 예배에서 성사가 내부로부터 성장하여 적절하게 나타난 표현으로 소개하고자 노력하였다. 2차 바티칸 공의회의 전례헌장에는 이 통합(synthesi)을 비록 매우 간단하지만 감명적으로 밝히며, 이로써 교리서와 같이 신학에 이러한 관련성에서 교회의 예배와 성사를 새롭고 깊게 이해하고자 하는 사명을 주었다. 유감스럽게도 이 사명은 지금까지 거의 완수되지 못하였다.

전례연구는 새로이 교리신학에서 분리되어, 일종의 예배의식 기법에 안주하려는 경향이 있다. 거꾸로 교리신학도 전례 차원의 주제들을 확신 있게 수용하지 못하고 있다. 대부분 잘못된 개혁의 열의는 전례 형태를 사람이 임의로 다른 좋은 아이디어로 대치할 수 있는 '의식 모음'으로 간주하는 데서 비롯된다. 이와는 반대로 교리서에서는 실제적인 전례에 대한 깊은 이해로부터 나오는 가치 있는 말씀을 읽을 수 있다― "그렇기 때문에 어떠한 성사 예식도 사제나 공동체가 마음대로 변경하거나 조작해서는 안 된다. 심지어 교회의 최고 권위자도 전례를 마음대로 바꿀 수 없으며, 오로지 믿음에의 순종과 전례의 신비에의 경건한 존중에서 전례를 개정할 수 있다."(1125)

교리서는 성사부분을 시작하고 이끄는 전례에 관한 협의로서 앞으로 한 걸음을 크게 내디뎠으며, 이로써 트리어의 학자인 발트하자르 피셔(Balthasar Fischer)와 같은 저명한 전례학자들로부터 칭찬과 감사를 받았다.

상세히 모든 내용을 다 살펴보지 않고 간단하게 주제별로, 가르침의 현실성이 모범적으로 잘 드러날 수 있는, 교리서의 성사론의 몇 가지만 언급하고자 한다. 전례형식에 기초하여 개별 성사를 설명하고자 하는 의도는 처음부터 도전에 직면한다. 교회의 전례는 다수의 의식으로 구성되어 있으며, 이는 전 교회를 위한 통일된 전례형태가 존재하지 않음을 의미한다. 이는 서구의 (라틴)교회나, 또는 그 아래의 지역교회를 위하여 고안된 교리서가 아무런 문제가 되지 않음을 의미한다. 그러나 우리가 의도하는 바와 같이, 엄격한 의미에서 '가톨릭'이 되고자 의도 하는 교리서, 많은 의식을 갖고 있는 한 교회를 지향한 교리서는 하나의 의식을 독점적으로 특권화할 수 없다.

그렇다면 어떻게 할 것인가? 교리서는 먼저, 대략 서기 155년에 순교자 성인 유스티노(Justin)가 이교도 황제인 안토니누스 피우스(Antoninus Pius; 138-161)에게 그리스도교를 변명하기 위해 쓴, 그리스도교의 성찬례식을 묘사하는 옛글을 그대로 인용한다.(1345) 개별적인 의식의 구성을 전제하는 기본이 되는 이 글에서, 오늘날 모든 의식에 공통적으로 남아 있는 성찬식의 본질적인 구조, '전 세기의 미사'(the Mass of all ages)가 드러난다. 이 글을 상고해 보면 동시에 각각의 의식을 더 잘 이해하고, 그 가운데서 결국에는 사도시대와 그리스도 자신에 의해 행해진 성찬식까지 거슬러 올라가는, 그리스도교의 중심성사(Zentralsakrament)의 공통적인 구조를 찾아낼 수 있다.

여기서 발견된 해결책은 독점적으로 서구적이라고 할 수 없으며, 또한 동방교회에 관련하여 비잔틴식만도 아니며, 전통의 전반적인 범위를 고려해야 하는, 교리서의 '전체개념'(Gesamtkonept)으로 표시된다. 이 책의 가치 있는 것들에는 교부와 모든 세기의 믿음의 증인들, 즉 함께 어울려져 있는 남자와 여자들의 수많은 글들이다. 색인을 살펴보면 동방이나 서방교회의 대부(Väter)에게 많은 공간이 할애되었지만, 또한 잔 다르크(Joan of Arc), 율리아나 폰 노르비치

(Julian of Norwich), 시에나의 성녀 카타리나(Catherine of Sinena)부터 로자 폰 리마(Rose of Lima), 리지외의 대테레사(Thérèse of Lisieux)와 아빌라의 성녀 소화 테레사(Theresa of Avila)에 이르는 성스러운 여인들의 목소리도 힘있게 존재한다. 이와 같은 귀중한 인용문 자체가 교리서가 선교의 수행과 또한 개인의 묵상을 위해 없어서는 안 될 매우 소중한 것으로 만든다.

본인이 언급하고자 하는 교리서의 예배신학(Kulttheologie)에서의 또 다른 특징은 전례의 성령론적인 차원을 강조하는 데 있다. 성령에 관한 가르침인 성령론은, 그 특별한 인상(人相)에 친숙해지기 위해서 교리서를 횡적으로 읽어야만 하는 주제이다. 근본적으로 성령에 관한 부분은 신앙고백(683-747)의 해석의 범주에 있다. 이 책은 먼저 그리스도론과 성령론이 서로 얼마나 많이 내적으로 연결되어 있는가를 보여 준다. 이는 예를 들어 메시아 -그리스도-, 즉 기름부음 받은 자라는 이름에서 이미 명백한데, 왜냐하면 전통은 '기름부음'에서 성령, 살아 있는 '기름'에 의한 그리스도의 '완전한 현존'(Durchdrungensein)을 의미하기 때문이다. 특히 중요하고 도움이 되는 것은 성령의 형상에 대한 구절(694-701)로 생각되며, 이에는 또한 교리서의 한 전형적인 관점, 즉 형상과 상징에 대한 주목이 전면에 드러난다.

교리서는 추상적인 개념만이 아닌 상징도 중요하게 생각한다. 이 상징들은 우리에게 내적인 가치관을 선사하며, 하느님의 비밀에 대한 우주의 투명성을 나타내고, 동시에 종교세계와 관계의 길을 열어 준다. 형상과 상징을 강조함으로 노력 없이 전례신학의 영역에 접하게 된다. 전례의식은 본질적으로 상징에 매우 의존한다. 성령에 관한 주제는 다시 교회론으로 귀착된다(797-810). 근본적으로 삼위일체의 교회관에서 비롯된 견해로서이다.

그 다음에는 우리는 다시 전례의 삼위일체 규정의 부분으로서, 성사부분(1091-1112)에서 이를 상세하게 보게 된다. 전례의 성령학적인 관점은 우리가 다시 한 번 성서, 즉 성령의 작품을 제대로 이해할 수 있도록 도와준다. 성령강림대축일부터 시작되는 교회력(敎會曆) 전체에 걸쳐 교회는 구원의 전체 역사를 보게 되며, 성서를 영적으로 읽음으로써, 즉 성령에 감동된 저자, 성령의 관점에서 읽음으로 이 역사의 오늘(Today)을 경험한다. 전체 성서가 하나의 영에서 비롯되는 관점에서부터 구약과 신약의 내적인 단일성은 이해된다. 교리서에서 보면, 이는 유대인과 그리스도교인들의 전례 사이의 깊은 연관성을 증명하는 중요점이다.(1096) '교회와 이스라엘' 주제는 전 책에 걸쳐 있는 문제이며, 단 몇 구절에 의해 판단될 수 없는 '횡단적'(transversal) 주제라는 것도 부가적으로 지적될 수 있다. 또한 성령학의 강한 강조는 교리서를 동시에 동방교회와 연결시켜 준다는 것은 아마도 어렵지 않게 깨닫게 될 것이다.

마지막으로 교리서는 우상숭배와 문화라는 주제에 적절한 주의를 기울였다. 문화라는 차원의 본질이 '우상' 또는 숭배의 본질적인 면이라 할 때만 '문화토착화'(Inkulturation)에 대해서 의미 있게 말할 수 있다. 그리스도교 예배의 증가한 전례의 모습 안에서 다른 우상숭배의 내적인 감흥과 문화적인 형태가 있을 때만, 문화적인 상호 만남은 단순한 인위적으로 꾸며진 외적인 모양 그 이상이 될 수 있다. 이것이 왜 교리서가 상징의 선정과 해석에 본질적인, 그리스도교 전례의 우주적 차원을 분명하게 세웠는가에 대한 이유이다. 이와 관련하여 교리서는 다음과 같이 기술한다.

> 인류의 주요 종교들은 때때로 종교 의식의 이러한 우주적이고 상징적인 의미를 인상적으로 보여 준다. 교회 전례는 피조물과 인간 문화의 여러 요소들을 전제로 하며, 그것들을 통합하고 성화시킨다. 이때 교회의 전례는 그 요소들을 은총의 표징과 예수 그리스도 안에서 이루어지는 새로운 창조의 표징으로 승화시킨다.(1149)

유감스럽게도 전례개혁은 교회의 일부분에서는 일방적으로 지적으로, 즉 종교적 가르침의 형태로 파악되었고, 그리고 종종 성상, 음악이나 전례를 위한 공간이나 예배 구성의 영역에서 문화적으로 현저히 빈약해졌다. 단지 참석자의 요구만을 고려하고자 하는 일방적으로 교회에 맞춘 해석으로인 하여, 전례의 거대한 우주적 숨결과 범위와 역동성은 매우 간소화되었다. 그와 같은 개혁의 잘못된 형식에 반대하여, 교리서는 필요한 구제책(救濟策), 정확히 새 세대가 기다리는 것을 제공한다.

교리서의 그리스도교 신자 윤리에 관한 가르침

먼저 교리서의 세 번째 부분인, 그리스도교의 윤리에 관한 가르침을 다루는 '그리스도 안에서의 삶'을 살펴보자. 교리서를 만드는 데 있어서 바로 이 부분이 가장 어려운 분야였다. 이는 한편으로 그리스도교 도덕의 구성 원칙을 넘어서서 존재하는 불일치가 존재하며, 다른 한편으로는 정치윤리·사회윤리와, 지속적인 발전 과정에서 항상 새로운 요인이 생기는 생명윤리의 영역이 있으며, 인류학의 영역에서는 결혼과 가족, 성의 윤리에 관한 논쟁이 활발하게 전개되고 있기 때문이다. 교리서는 도덕신학의 유일한, 또는 최상의 시스템 구상을 제공한다는 당위성을 주장하지 않는다. 이는 교리서의 사명이 아니다. 교리서는 인간의 도덕적인 행위에 본질적으로 필요한 인류학적·신학적인 관련성을 제시한다. 교리서는 자신의 출발점을 인간의 위대성과 동시에 자신의 의무가 되는 인간의 존엄성을 설명하는 데서 찾는다. 그 다음에 행복해지고자 하는 인간의 욕구가 윤리 행동의 내적인 충동과 지침이 됨을 보여 준다. 어느 누구도 거절할 수 없고, 결국 아무도 반대할 수 없는 인간의 기본 충동은 행복과 성공하고 성취한 삶에 대한 갈망이다. 도덕은 교리서에서는 교부들, 특히 아우구스티노에 따르면 행복론, 즉 행복을 위한 활동 규칙의 노작(勞作)이다.

교리서 책은 이러한 원시인적인 생각을 예수의 산상설교에 관한 가르침과 연결시킨다. 예수의 산상설교에 대한 가르침은 행복의 개념을 모든 진부한 생각으로부터 분리시키고, 그 진정한 깊이를 부여하며, 일반적인 선(善), 사람 안에 존재하는 선(善), 즉 하느님과의 행복과의 연관성을 보여 준다. 그 다음에 도덕적 행위의 기본 구성 요소들- 자유, 행위의 목적과 의도, 열정, 양심, 덕, 덕의 실패로서 죄, 인간의 사회적 성격 및 마지막으로 율법과 은총의 관계가 전개된다.

그리스도교의 도덕신학은 결코 단순히 율법윤리학이 아니다. 그러나 이는 또한 덕을 중시하는 윤리학(Tugendethik)의 범주를 넘어선다. 이는 대화적 윤리(diaglogische Ethik)이다. 왜냐하면 인간의 윤리적인 행위는 하느님과의 만남에서 발달할 수 있고, 결코 자체적·자족(自足)적·자율적인 행동이나 인간적인 성취가 아니며, 사랑의 은총에 대한 답변이다. 이 사랑은 먼저 사람들을 실제로 자유롭게 하고, 인간의 진정한 고상함에 이르게 하는 사랑의 역동성, 하느님 자신에 관련되는 것이다. 따라서 도덕적 행위는 결코 간단한 자신의 성취가 아니지만, 또한 단지 외부로부터 접붙여진 것도 아니다.

진정한 도덕적 행동은 선물이지만 또한 우리 자신의 행동이다. 왜냐하면 바로 자기 자신의 행동은 사랑의 선물 가운데서만 발전 전개되고, 반대로 이 선물은 사람들을 무기력하게 만들지 않고, 오히려 자신을 돌보도록 하기 때문이다.

교리서가 의화교리(義化敎理, Lehre von Rechtfertigung)를 그 윤리의 중심부에 정착시킨 것은 매우 중요하다고 본다. 왜냐하면 바로 이런 방식으로 은혜와 자유의 상호 연계가 이해 가능해지며, 진정한 존재로서 '다른 존재에 의한 존재'(Sein-vom-Anderen)는 자기 안에서 그리고 다른 존재에 대응하여 이해되기 때문이다. 가톨릭과 개신교 간의 의화(義化) 합의에 관한 논의에서, 지속적으로 중요하게 제기되는 질문은 다름 아니라 "어떻게 의화교리가 오늘날 사람들에게 다시 이해되게 하며, 중요하게 여기도록 만들 수 있는가"이다.

나는 교리서가 인간의 올바른 행동에 대한 인류학적인 문제의 범주에서 이 주제를 표현함으로써, 이런 새로운 이해가 가능케 하는데 커다란 진보를 이루었다고 생각한다. 어떤 정신으로 교리서의 의화합의가 이루어졌는지를 보여 주기 위하여, 나는 교리서가 교부와 성인들의 위대한 전통으로부터 선택한 세 개의 구절을 인용하고자 한다.

성인 아우구스티노의 의견에 따르면 '사악한 자의 의화는 하늘과 땅의 창조보다도 더 위대한 일'이다. 왜냐하면 '하늘과 땅은 사라지겠지만, 선택된 사람의 구원과 의화는 결코 사라지지 않을 것이기' 때문이다.(고백론 13, 36, 51: PL 32, 868) 그는 또한 죄인들의 의화는 천사들을 의롭게 창조한 일을 능가하다는 견해를 가졌으며, 여기서 죄인의 의화는 위대한 자비에 대한 증거를 품고 있다.(CCC 1994)

또 다른 아우구스티노의 인용이 있는데, 이는 하느님께 드린 성인의 기도이다.

만약에 당신께서 당신의 매우 선 한일의 마지막 날에 안식을 취하였다면, 이는 당신책의 목소리를 통해서 미리 우리에게 말하는 것입니다. 당신이 선사하였기에, 우리의 일도 '매우 좋은' 것이며, 우리도 이 좋은 일을 마친 후에 영원한 생명의 안식을 당신 안에서 누립니다.(CCC 13,36, 51); (2002)

그리고 리지외의 성녀 대테레사(Theresia von Lisieux)의 놀라운 말씀도 있다.

세상의 귀양살이가 끝난 다음, 저는 고향으로 돌아가 주님을 누리기를 바랍니다. 그러나 하늘 나라를 위한 공로를 쌓기를 바라지 않습니다. 나는 주님의 사랑만을 위해 힘쓰기를 바랍니다.…이 생명이 끝나 갈 때, 저는 빈손으로 주님 앞에 서겠습니다. 저는 당신, 주님께 제 업적을 헤아려 주시기를 청하지 않기 때문입니다. 저희의 모든 의로움도 하느님께서 보시기에는 흠이 있습니다! 그러므로 저는 주님께서 바로 그 주님의 의로움으로 저를 꾸며 주시어, 주님의 사랑으로부터 주님을 영원히 소유하기를 원합니다.(CCC 2011)

의화(義化)에 관한 부분은 교리서가 본질적으로 종파를 초월해 이룬 기여이다. 이는 동시에 만일 사람들이 교리서에서 종파를 초월한 문서로부터의 단순히 인용을 찾거나, 색인에 의거하여 실린 격언을 조사하는 것을 통해서는 교리서의 초종파적 면을 충분히 발견해 낼 수 없음을 보여 준다. 이는 교리서를 전체로 읽고, 그러므로 어떻게 하나가 되고자 하는 노력이 그 전체에서 각인되고 있는가를 직시할 때에 명백해진다.

도덕에 관련된 내용은 교리서에서 십계명에 근거하여 다루어진다. 교리서는 십계명을 -성경의 출처를 지키면서- 대화의 일부로, 즉 언약의 맥락에서 해석한다. 원문(Origenes)으로, 십계명은 그 첫 번째 말씀은 자유임을 강조한다. "나는 너를 이집트 땅, 종살이하던 집에서 이끌어 낸 주 너의 하느님이다."(CCC 20061; 탈출 20,2; 신명 5,6)(Nr. 20061) 따라서 윤리적인 행동은 '하느님의 충만한 사랑에 대한 응답'(2062)으로 나타난다. 이레네오(Irenaeus)의 글에서와 같이 십계명은 하느님과의 우정과 이웃과의 화목을 위한 지침으로 설명되었다.(2063)

한편으로 십계명을 한 시각에서, 즉 완전히 언약과 구속사의 맥락과 말씀과 답변의 사건으로 본다면, 십계명은 동시에 합리적 윤리학으로, 원래 이성이 실질적으로 볼 수 있는 것에 대한 기억으로 나타난다. 다시 이레네오의 글이 인용된다- "태초부터, 하느님께서는 인간의 마음속에 자연법의 법규를 심었다. 이것이 바로 십계명이다."(이단반론 4,15,1; CCC 2070) 이것은 교리서 윤리학의 중요한 특징이다: 교리서는 이성과 그 통찰력에 호소한다. 십계명에 기초하여 발전된 도덕이 합리적인 도덕이다. 물론 합리적 도덕은 하느님이 우리에게 준 이성 지원에 의해 살아간다. 여기서 하느님은 자신의 말씀으로서 우리 모두의 영혼 가장 깊은 곳에 새겨진 말씀을 생각나게 한다.

아마도 교리서의 윤리학 구성에서 그리스도론의 역할이 비교적 빈약한 데에 의아해 할지도 모른다. 전(前)공의회시대의 도덕신학적인 교재에는 자연법적 사상의 경향이 지배적이었다. 이에 반해 세계 1차 대전과 2차대전 사이에 일어났던 개혁운동은 확고하게 본래의 신학적인 도덕관을 요구하였고, 그리스도를 따름을 도덕 구성 원칙으로서 또한 사랑을 모든 도덕적인 행위를 포함하는 활동 장소로 제안하였다. 현대 세계의 교회에 관한 '사목 헌장'(Gaudium et spes)은 단순히 자연법적인 사상으로부터 방향을 바꾸도록 지원하고, 그리스도론, 특히 파스카 신비를 그리스도교 도덕의 중심으로 세웠다. 결국은 진정으로 성서적인 도덕이 발전되어야 한다. 비록 상기에 언급된 헌장이 상당한 범위에서 개별 주제를 다룸에 논쟁의 합리적 형식을 여전히 사용하며, 그리고 계시도덕(Offenbarungsmoral)에 구속되지 않으려고 할지라도, 사람들이 공의회에서 멀리하는 것이 절대적으로 절실하다. 이에 대한 한 가지 이유는 결국 모든 사람을 관계하는 본질적 가치에 대한 현대의 비그리스도교의 세계와의 대화문제이다.

그렇지만 공의회의 기본 신뢰를 그리스도 중심적으로 해석된 기본적 성경적 도덕으로의 전환으로 그려진다면, 후(後) 공의회시대에 바로 극단적인 변혁이 일어난 것이다. 성경은 절대로 '포괄적(kategorial)' 도덕을 전달할 수 없으며, 도덕의 내용은 항상 순수 이성적 방법으로 조사되어야 한다고 말하여져 왔다. 성경의 의미는 동기 차원에 있지 그 내용에 있지 않다고 주장되었다. 그렇게 성경은 그리스도론과 더불어 도덕신학에 기여자로서, 이전에 일찍이 그랬었던 경우보다 훨씬 더 많이 모습을 감추었다. 공의회 이전과 이후 시기의 차이는 사람들이 이제는 항상 창조신앙을 도덕신학의 기초로 확립하였던 자연법과 자연적인 윤리법사상을 포기하였다는 데 있었다. 그 대신에 사람들은 계산적인 도덕으로 전환하였는데, 이는 결국은 행위의 추측 가능한 영향만을 척도로 삼을 수 있었고, 동시에 선의 평가 원칙을 윤리적인 행위 전체로 확대하였다. 이와 같이 어려운 상황에서 교황의 회칙 '진리의 광채'(Veritatis splendor)는 윤리적인 규범을 작업하는 데 있어서 신앙과 이성의 올바른 보완적 관계에 대해서만이 아니라, 그리스도교 도덕의 필수 불가결한 요소들(Proprium)에 관하여 근본적 설명을 하였다. 교리서는 -체계적으로 되는데 대한 요구 없이- 이 결정을 준비하였다. 그리스도론 원칙은 행복의 주제·축복설교와 인류학적 접근에, 율법과 은총이란 주제에서, 정확히 바로 십계명에도 존재한다. 언약의 사상으로서 언약의 마지막 구체화가 언약이 육신이 된 말씀이신 그분과, 그 십계명의 새로운 해석에 포함되어 있다. 그러나 교리서는 이런 요소로부터 광범한 체계를 만들려고 시도하지 않는다.

그리스도론으로 각인된 윤리학을 추구하는 데서 항상 마음에 두어야 할 것은 다름 아니라 그리스도가 육신이 되신 말씀(Logos)이며, 그러므로 그가 바로 우리의 이성을 그에게로 깨우고자 한다는 것이다. 십계명이 기여하고자 하는 본래의 목적은 -우리에게 우리 이성의 가장 깊은 곳을 상기시키는- 그리스도와의 만남을 통해 중지되지 않았다. 오히려 이는 그 완전한 완성에 이르렀다. 계시를 듣지만,

그러나 진정으로 이성적이 되고자 하는 윤리학은 또한 바로 우리에서 새 언약(Neue Bund)을 선사한 그리스도와의 만남에 대한 응답(應答)이다.

　교리서에서 새로운 신학적인 시스템을 찾거나 놀라운 새로운 가설을 찾는 사람은 실망할 것이다. 이러한 종류의 관심사(Aktualität)는 교리서의 대상이 아니다. 교리서는 성서와 그 풍부한 전통으로부터 다양한 형상으로 만들어지고, 2차 바티칸 공의회에 의해 영감을 받은 가톨릭 신앙 전체에 대한 유기적인 관점을 제공한다. 가톨릭 신앙은 바로 전체로서, 진리의 광채가 빛나는 아름다움을 지닌다. 교리서의 관심사는 새로이 이야기되고, 새로이 생각되는 진리의 관심사이다. 이 관심사는 그 비판자들의 불평보다 훨씬 더 오래 남게 될 것이다.

역자후기

교황 베네딕토 16세의 저술은 박사학위 논문이 1954년 출간된 이후 40여권이 넘는다. 이는 그의 학자로서의 오랜 학문연구가 있어 가능하다고 본다. 베네딕토 16세 교황은 1957년 교수자격논문이 통과되고, 31세의 나이로 1958년에 프라이징신학대학(현재는 뮌헨대학교로 부속됨) 신학교수로 출발하였다. 그 후 본, 튀빙겐, 레겐스부르크대학에서 교수를 역임하였다. 1977년 3월에 뮌헨 대주교가 되었고, 그해 6월에 교황 바오로 6세가 추기경으로 임명하였다. 1981년에는 로마 가톨릭의 신앙교리성 수장을 맡았다.

「예수그리스도를 향하여」(Unterwegs zu Jesus Christus)는 2003년에 출간된 책이다. 교황의 방대한 신학적, 역사적, 사회학적인 지식과, 현장의 경험과, 지혜가 이 책 안에 담겨 있음을 본다. 그리스도를 향하여 가고 있는 사람은 주님의 얼굴을 찾는 사람들이다.

교황 베네딕토 16세는 「기독교 입문」(Einführung in das Christentum)

에서 한 비유를 들고 있다.

    서커스단이 공연을 위하여 한 동네를 찾아 와 들판에 공연준비를 하고 있었다. 그때 들판에 불이 났다. 크라운(광대)의 옷을 입고 있던 배우들은 곡식이 있는 들에 불이 난 것을 보고, 마을로 달려가서 사람들에게 불이 났음을 알리고 도움을 청하였다. 그러나 마을 사람들은 이 광대들의 말과 행동이 자신들의 공연을 선전하며, 사람들을 모으고자 하는 것으로 보았다.
    마을 사람들은 광대들의 도움요청에 연기를 잘 한다고 박수를 보내며, 눈물이 날 정도로 까지 웃었다. 그럴수록 광대 옷을 입고 있던 배우들은 자신들이 지금하고 있는 것이 어떤 연기도 아니요, 사람들을 모으고자 하는 수작도 아니요, 불이 났음을 알리는 것이라 하였다. 빨리 와서 불을 끄지 않으면 곧 들판의 모든 곡식을 다 태우게 된다고 간곡히 알리고자 하였다. 그러나 배우가 그렇게 호소하면 할수록 사람들은 더 웃기만 하였다.
    결국 불이 마을에까지 미쳐서야 비로소 사람들은 깨닫기 시작하였다. 그러나 때는 너무 늦었다. 들판의 곡식도, 서커스단도, 마을도 다 타버렸다.

    이 비유는 오늘날 신학의 상황뿐 만 아니라, 사람들의 불신과 믿음의 문제를 함축적으로 보여주고 있다. 여기서 크라운은 신학자, 복음전도자가 되며, 동네 사람들은 우리들을 가리킨다. 사람들은 크라운이 말하는 것을 듣는다. 그렇다면 크라운이 광대 옷을 바꾸어 입으면 사람들은 그가 전하고자 하는 것을 믿는다고 보는가? 오늘날 바로, 복음을 전하는 방식을 바꾼다면, 사람들은 그 전하는 것을 진실로 받아들일 것인가 라고 저자는 질문을 한다.

교황 베네딕토 16세는 「예수그리스도를 향하여」에서 그리스도를 향하여 가는, 하느님의 얼굴을 찾는 신앙의 순수함이 무엇이며, 또한 그리스도교인의 본질이 어떠해야 되는지를 가르쳐준다.

본 책의 번역에 관심을 가지며 도움을 준 분들께 감사를 드린다. 본 책은 많은 문장이 명사화(名詞化)되어, 매우 어렵게 쓰여 졌다. 가능한 풀어서 옮기고자 노력하였지만, 여전히 한계가 있음을 본다. 권성일(미카엘), 강선화(사라) 선교사가 문장이 부자연스러운 부분을 지적하여 주었다. 이규상 대표가 관심을 갖고 도움을 주었다. 이 분은 어려서 가난때문에 아버지 집을 떠났으나, 루카복음서 15장에 나오는 작은 아들과는 대조되는 올바른 삶을 살아 왔다. 하느님의 은총이 그의 생애에 임하기를 기도한다.

주님은 십자가에서 사람들의 시험을 받았고 조롱과 따돌림을 받았고, 폭력을 당하였다. 그러나 주님은 이 모두를 사랑과 이해로, 용서와 화해로 바꾸어 되돌려 주셨다. 이 주님의 사랑에 대한 저자의 섬세한 설명은 상처의 미학으로 마음에 깊은 흔적을 남긴다. 진정한 그리스도교인은 '찔림을 당한 자'를 바라본다.

하느님의 얼굴을 간구하는 자는 의인이며, 복이 있는 자이다. 이는 하느님의 목적에 부합한 삶이며, 이 세상에서 사는 날 동안 산 소망이다. 예수 그리스도를 향하여 걸어가는 길에서, 그의 수난에 참여할 때, 우리는 하느님의 얼굴을 보게 된다.

2007. 1 · 행당동산에서

성경 색인

창세기 11장 1-9절	155	시편 17장 15절	21
창세기 2장 23절	132	시편 24장 6절	20
탈출기 17장 7절	104	시편 2잘 8절	148
탈출기 23장 14-19절	22	시편 45장 3절	33
탈출기 32-34장	25	시편 4장 7절	23
탈출기 32장 31-32절	25	시편 80장 4, 8, 20절	23
탈출기 33장 11절	25	시편 90장 8절	23
탈출기 33장 18절	25	시편 91장 11-12절	101
탈출기 33장 20-23절	25	시편 98장 3절	78
탈출기 34장 18-26절	22	이사야 52장 10절	78
신명기 16, 1-17	22	이사야 53장 2절	34
신명기 18장 15절	26	예레미야 20장 8-9절	78
신명기 30장 15절, 19절	111	호세아서 5장 15절	20
신명기 30장 16절	112	아모스서 7장 14절	49
신명기 31장 11절	23	즈카르야서 12장 10절	15
신명기 34장 10절	26	마태오복음서 16장 14절	62
신명기 6장 16절	103	마태오복음서 16장 16절	61
신명기 6장 4-5절	110	마태오복음서 16장 17절	60
신명기 8장 3절	99	마태오복음서 16장 22절	109
시편 105장 3-4절	19	마태오복음서 16장 23절	109
시편 17장 14절	21	마태오복음서 25장 14-30절	150

마태오복음서 25장 31-46절	30	요한복음서 14장 2-9절	12
마태오복음서 25장 35-36절	134	요한복음서 14장 2절	159
마태오복음서 27장 17절	107	요한복음서 14장 9절	11
마태오복음서 27장 40절	96	요한복음서 15장 15절	26
마태오복음서 28장 16절	105	요한복음서 15장 26절	148
마태오복음서 28장 18절	106	요한복음서 16장 12-13절	91
마태오복음서 28장 19-20절	106	요한복음서 16장 13절	148
마태오복음서 28장 19절	148	요한복음서 18장 40절	107
마태오복음서 28장 29절	84	요한복음서 19장 37절	15
마태오복음서 4장 11절	110	요한복음서 1장 18절	73
마태오복음서 4장 4절	115	요한복음서 1장 38-39절	73
마르코복음서 16장 15절	150	요한복음서 1장 9절	79
마르코복음서 1장 35-39절	95	요한복음서 2장 1절	26
마르코복음서 8장 29절	60	요한복음서 5장 17절	71
마르코복음서 8장 33절	95	요한복음서 6장 15절	95
루카복음서 23장 19절, 25절	107	요한복음서 6장 68-69절	119
루카복음서 2장 14절	121	사도행전 1장 12-14절	152
루카복음서 4장 3절	97	사도행전 1장 15-26절	152
루카복음서 9장 20절	61	사도행전 1장 18절	148
루카복음서 9장 24-25절	112	사도행전 2장 14절	152
요한복음서 12장 21절	13	사도행전 2장 1절	152
요한복음서 12장 24절	14	사도행전 2장 39절	158
요한복음서 12장 24절	99	사도행전 2장 8-11절	153
요한복음서 12장 25-26절	14	사도행전 7장 37절	26
요한복음서 13장 1절	35	로마서간 10장 9절	59

코린토 첫째 서간 15장 28절	144
코린토 첫째 서간 15장 45절	142
코린토 첫째 서간 6장 17절	130
코린토 첫째 서간 9장 16절	77
코린도 둘째 서간 3장 4-6절	24
코린도 둘째 서간 4장 6절	26
코린토 둘째 서간 4장 6절	16
코린토 둘째 서간 5장 16절	14
에페소 서간 5장 26-32절	131
필리피서간 4장 8절	53
필리피서간 2장 17절	143
콜로새서간 1장 12-18절	86
히브리인서간 13장 8절	85
히브리인서간 2장 18절	95
히브리인서간 4장 15절	95
베드로 둘째 서간 3장 18절	86
요한묵시록 3장 20절	116
요한일서 1장 7절	134